宗教と
認知行動的
セルフモニタリング

―青年期の適応を通じて―

山﨑 洋史

学 文 社

まえがき

　近年，宗教観を，臨床心理学的に適用することが，欧米で盛んである。その臨床心理学理論における最新のものに第3世代認知行動療法がある。適応に対する心理支援は，客観的科学的アプローチのみではなく，個人的文化的背景にあるリソースとして，宗教の適用を併存させることにより，心理治療が促進されていくことが強く支持されている。

　しかし，欧米における臨床的知見は増加しているが，日本においては，宗教やスピリチュアリティに対する受容力が社会的に弱い傾向があり，日本独自の文化的環境からの宗教と臨床心理学的視点における実証的研究が少ない。むしろ，怪しいもの，胡散臭いもの，関わりたくないものなど，否定的印象を宗教に対して抱く場合も少なくない。一方，日本における宗教やスピリチュアリティに関する集団的な組織的活動に対するそのような傾向とは別に，個人的な宗教やスピリチュアリティ的行動は日常に多くの要素が溶け込んでいるのも事実である。年末年始の初詣，神社仏閣における祭り，クリスマスイベントなど多くあげることができる。

　本書の目的は，第1に，現代の日本における宗教観の構造（宗教に対する否定的側面と肯定的側面など）を明らかにし，宗教観構造が，適応や自己の成長に与えている影響を実証的に明らかにすること。第2に，宗教観の肯定的側面の構造を検討し，個人的な自己信頼感や幸福感などのいわゆる認知的適応と行動的適応に与える影響を明らかにすること。第3に，宗教観の肯定的側面が，不適応状態に与える影響。第4に，宗教観の肯定的側面からアプローチする認知行動的セルフモニタリング変容を用いた認知行動療法の事例研究からその適用を検討することである。

　上記の目的を達成するため，全国的に20年以上大規模継続調査を行った國學院大學の学生宗教意識調査，政府統計，新聞社統計データなどを活用した。

また，青年期の学生を対象に質問紙調査を実施し，「宗教観と適応及びアイデンティティ確立に関する調査」「スピリチュアリティ的認知（信念）と Subjective Well-Being（主観的幸福感）および対人ストレスコーピングに関する調査」「信念スピリチュアリティ的認知（信念）と抑うつスキーマに関する調査」の3つの独自調査を行い，因子分析による構造分析，多変量解析，重回帰分析を用いた影響の分析を行い，その結果を考察した。さらに，適応支援のための事例研究により，宗教に関する個人的認知的側面からの認知行動的セルフモニタリングの構造に則した事例分析を行った。

　本書の意義は，宗教観と認知行動的セルフモニタリングにおける関係性を，日本独自の文化的背景からなる青年期学生の宗教観と適応の因子相関研究から，客観的統計的に明らかにし，構造分析の結果，宗教観の個人的認知的側面である要素，「人生の意味」の把握が，適応の指標である「適応感：感情」や「適応的行動：行動」，さらに「適応的スキーマ：認知（信念）」に影響を与えることを明らかにしたことである。

　本書は，第1章から第7章で構成されている。

　第1章「宗教と認知行動的セルフモニタリングの概要—臨床心理学理論と宗教—」では，認知行動的セルフモニタリングおよび第3世代認知行動療法の確認を行った。個人の認知的枠組みにおいては与えられた文化的環境の影響は大変大きい。キリスト教文化圏，イスラム教文化圏，仏教文化圏など，各文化圏における認知的枠組みは，その個人の行動を大きく規定している。しかし日本の宗教と認知行動的セルフモニタリングに関する研究は少ない。認知行動的セルフモニタリングの枠組みとしての個人の内なる宗教と生きる意味，行動選択に関する実証的調査研究であること，また，青年期に至る宗教に関する心理教育におけるエビデンスを提言していくことが，本書のユニークな特徴である。認知行動的セルフモニタリングの枠組みにおける宗教観による個人の「適応感」「感情」「行動」「認知」の関係を，多変量解析にてエビデンスに基づき明確化していくことの重要性が再確認された。

　第2章「宗教観と青年期適応—宗教観・信仰の有無と適応感・アイデンティ

ティ確立の因子相関―」では，宗教観に関する質問紙調査結果を因子分析により，集団的組織的側面と，個人的認知的側面に分類することができた。宗教観の集団的組織的側面は「宗教組織は，強制的である」などのネガティブ要素，宗教観の個人的認知的側面は「信仰によって，自己を内省し，反省することができる」などのポジティブ要素で構成されていた。

　次に宗教観と，青年期の社会に対する適応感および重要課題としてのアイデンティティ確立との関連を証明するために重回帰分析を行った。その結果，「宗教を持っていない」群は，集団的組織的側面として宗教の排他・強制イメージが，孤立・拒絶感に影響を与えていること，個人的認知的側面としてアイデンティティ確立に影響を与えていることが明らかになった。宗教集団や宗教組織には入っていないが，個人的認知的な宗教的行動によって，社会適応を促進させ，自己確立に影響を与えていることが明らかにされた。すなわち，宗教と適応を論ずるとき，宗教観構造の集団的組織的要素ではなく，個人的認知的要素に焦点を当てることの重要性が明らかになったのである。

　第3章「スピリチュアリティ的認知（信念）と青年期適応―Subjective Well-Being（主観的幸福感）および対人ストレスコーピングにおける因子相関―」では，宗教観の個人的認知的要素の構造を明らかにし，何が適応への影響を与えているのかを明らかにした。宗教観の個人的認知的側面を，より詳細に分析するための尺度として「スピリチュアリティ的認知（信念）」を用いた。スピリチュアリティ的認知（信念）は，質問紙調査の因子分析により，「魂の永続性」「人生の意味」「神の守護」「因果応報」「輪廻」「心象の現実化」の因子構造が確認された。

　次に，宗教観の個人的認知的側面「スピリチュアリティ的認知（信念）」が与える影響を検討する適応感（感情変数）として，世界保健機関（WHO）の定義に基づいた「subjective well-being（主観的幸福感）尺度」を用いた。重回帰分析を行った結果，スピリチュアリティ的認知（信念）「人生の意味」因子が，「subjective well-being（主観的幸福感）尺度」のすべての構成要素である「自己信頼感」「満足感」「幸福感」に影響を与えていた。スピリチュアリティ的認知（信

念）における因子の「人生の意味」の把握が，適応感に影響していることが明らかになった。

　次に，スピリチュアリティ的認知（信念）が与える影響を検討する行動変数として，「対人ストレスコーピング」を取り上げて検討を行った。重回帰分析を行った結果，スピリチュアリティ的認知（信念）「人生の意味」「神の守護因子」「因果応報」の3因子が，社会的適応力のある「リフレーミング型コーピング」に影響していることが明らかになった。ストレスフルな事態を自らに意味のあることに再構成し，次に資していく適応力を高めることに，スピリチュアリティ的認知が，影響していることが明らかになった。

　第4章「スピリチュアリティ的認知と抑うつスキーマ—認知行動的セルフモニタリング「抑うつスキーマ」における因子相関—」では，宗教観の個人的認知的側面（スピリチュアリティ的認知）の要素のうち何が「不適応認知」に影響を与えているのか検討した。本書では，不適応状態と認知行動的セルフモニタリングの関係性を明らかにしようとするために，心身のさまざまな症状を含む身体・意欲・思考・気分の症状群としての「抑うつ傾向」を対象に調査を行った。「抑うつスキーマ」は，因子分析により「他者不信」「高達成志向」「失敗不安」「他者評価依存」「自律志向」の要素に分類することができた。重回帰分析を行った結果，スピリチュアリティ的認知（信念）における要素「人生の意味」「輪廻」因子が，抑うつスキーマ「失敗不安」に負の影響を与えていることが明らかになった。抑うつ傾向に対する心理支援として，人生の意味の把握や，現在・過去・未来へ続く時間的思考のスピリチュアリティ的認知（信念）が，抑うつ傾向の失敗不安を減じる影響を持つことが実証された。欧米の臨床心理学事例研究において，個人の文化的背景にある宗教的リソースを活用し，キリスト教，イスラム教，ヒンズー教，仏教などの経典を朗読し，グループで，それらに関するテーマで話し合うことによって，自らの存在を語り合い，受容され，気づき，認知の変容がもたらされ，行動の変容へと連なり，適応が促進されていく，第3世代認知行動療法の経験的プロセスが，本書の多変量解析によって客観的に確認された。

第5章「認知行動カウンセリングの背景—宗教観における個人的認知変容による適応支援への道程—」では，第3世代認知行動療法理論へ至るまでの第1・第2世代の理論・技法の変遷について再確認を行った。現在，第3世代が必然的に求められ科学的アプローチに宗教を併存させることで，適応促進が定着されるに至ったプロセスを明確化した。

第6章「事例研究：女子高校生の過食行動に対する認知行動的セルフモニタリングカウンセリング—「正しいことは，報われる」「何かに見守られている」認知の出現による安定化—」では，事例研究における臨床心理分析を行った。女子青年の摂食障害（過食症）への心理支援である。クライエント本人の改善意欲も高く，認知行動療法を用いた。コラム法，心理教育，ホームワーク，認知再構成法，ソクラテス的対話，認知行動的セルフモニタリングなどの技法を用いた。初期面接時は，「私は何をやってもダメ」「失敗する私はカス」と言語化していた。その後，カウンセリングやホームワークにより，「出来ていない点」よりも「出来ている点」に焦点をあてる心理教育を重ね，協働することで，次第に認知行動的セルフモニタリングの枠組みに変容が生じ，スキーマ（コアビリーフ）における「努力は必ず報われる」「誰も見ていないと思っても，必ず何かが見守っていてくれる」などの，認知が表出した。そのスキーマ（コアビリーフ）は，安定化に貢献し，次第に言語化され。自己肯定感が強化されることなった。宗教観の個人的認知的側面による認知変容において，不適切な歪んだスキーマ（コアビリーフ）から，適応的スキーマ（コアビリーフ）の出現は，認知変容による，行動・感情・自動思考の変容に影響をもたらした。事例研究の分析において，宗教観の個人的認知的側面が，認知行動的セルフモニタリングの枠組みの変容に影響を与えていることが確認された。

第7章「宗教の認知行動的適応支援への提言—まとめとして—」では，概念図を提示した。日本における宗教の個人的認知的側面「スキーマ（コアビリーフ）」，特に「人生の意味」の把握が，適応状態支援，不適応事態からの修正に，「感情」「行動」「認知」に影響を与えることが，多変量解析によって証明され，同時に事例研究においても支持された。

今後，日本においても第 3 世代認知行動療法の宗教要素と併存した療法が，積極的に導入されていくことが予想される。宗教の個人的認知的側面をもってアプローチすることは，その有効性をさらに向上させていくことであるということを提言とした。

　本書は，JSPS 科研費 JP21HP5163 の助成を受けたものである。

2022 年迎春

山﨑　洋史

目　次

第1章 宗教と認知行動的 セルフモニタリングの概要

―臨床心理学理論と宗教―

1-1. 臨床心理学と宗教の接点

　臨床心理学理論およびカウンセリングの技術は，過去を振り返ると，時代の心の変化とともに，時代の変遷以上に激変の様相を見せて来た。臨床心理学理論・技術の変容ぶりは「三年一昔」と揶揄されるほどである。

　約120年前，不適応事態に対し宗教的理解や解釈を否定する科学的臨床心理学の始祖と称される「無意識」の理論的構成概念設定から開始したフロイトの「精神分析」，その「無意識」の存在の根本的否定から始まるアイゼンクの「行動療法」，それらの「分析行為」の完全否定から始まるロジャースの「非指示的療法（人間中心療法・Person-Centered Therapy：PCA）」，その後，「認知療法」「認知行動療法第1世代・第2世代・第3世代」と，次々と新しい理論や技術が生成されており，いまだその移り変わりは留まる様相を見せるどころか，むしろ激しさを増している。今や，臨床心理学の理論は300以上あるといわれ，そのすべてを心理支援に携わる者が学修することは極めて困難な事態といっても過言ではない。

　なぜ，臨床心理学（心理支援・心の理論）は，変遷著しいのか？
　なぜ，新しい理論は，他理論の全否定から始まるのか？

　その答えは多様であり，特定することは困難である。しかし，決定的にその変遷の動力となっている源のひとつを指摘することは可能である。すなわち，その源とは，臨床心理学の理論およびカウンセリングの技術は，常に「結果」

が求められているということである。そのひと言に尽きるであろう。カウンセリングは，悩みを抱える事態，心からの悲しみに暮れる事態，不安定に苛まれる事態に対して，課題を改善していく，現状を少しでもより良くしていく，あるいはこれ以上悪化させない「適応」力を向上させていくための，常時「結果」が求められているのである。仮に，クライエントに対し，その理論や技術をもって何ら改善が見られない場合，「使えない」過去の理論・技術であると，たちまち認識され，すぐに過去の理論，歴史的存在として他の理論に置き換えられてしまうのである。

　さらに，カウンセリングでは，何をもってその効果の「結果」とするのかという問題もある。

　医学的なエビデンスに基づく治療効果は，「血圧が下がった」「体温が正常値になった」等のように客観的に治療「結果」を評価することが可能である。しかし，心理的変容状態をどのように客観的に評価するのかは，いまだ，それに及ぶべくもない。同じような困難な状態，厳しい状態においても，何ら心の問題が生じない人もいれば，最悪の状態に陥っている人もいるのである。社会的に適応力が高い人もいれば，些細なことで不適応症状に陥る人もいるのである。いうなれば「結果」とは，「適応」とは，きわめて個人的主観的「認知」に依存しているのである。

　心理カウンセリングの実践研究家として，かつ，臨床心理学理論・カウンセリング技術の学修支援者として，「適応」を支援するものとして，その個人的主観的「認知」に強い関心を持つことになるのは必然であった。個人の有する「認知」フレームは，遺伝的要素と環境的要素の輻輳である。特にその環境的要素が，後天的な変更可能性を有している。自らが生を受けた個人を取り囲む文化的環境により「認知」フレームが大きく影響される。不適応的であった場合，その「認知」の変容を促進することが「適応」支援に有効であることは言うまでもないからである。

　最先端の臨床心理学理論に第3世代の認知行動療法がある。マインドフル，ACT などをあげることができる。心理支援のためにはその個人の持つ文化的

環境が大きく影響しており，その「認知」フレームの根底にある「コアビリーフ」「スキーマ」の存在に，臨床心理学の注目が集まっている。欧米では，宗教的な要素，スピリチュアリティ的要素をそこに見出し，フロイトから続く科学的心理支援の枠組みのみではなく，個別的文化的なそれらの宗教的要素を取り入れて「適応」支援する実践研究・理論研究が深化しつつある。キリスト教，イスラム教，ヒンズー教，仏教などの教えを取り入れた心理支援の理論であり，実績も積重ねられ高く評価されつつある。精神科における病院臨床に関する論文などでの多くの成功事例が報告されるようになった。

　いわば，約120年前に宗教的枠組による理解を否定し，不適応事態に対する心理支援を科学的たらんとしたフロイトから始まった臨床心理学理論は，今日に至り，心の癒しを求める根本の安らぎを宗教的認知や行為に回帰し，技法的に再統合されつつあるのである。

　現代，まさに，人間の持つ認知的枠組みにおける宗教的影響の再評価が行われているのである。

1-2. 青年期の社会適応と宗教観

1-2-1. 宗教観に関する「全国的意識調査」

　現在の日本における社会適応と宗教の関係を論じるとき，「宗教の捉え方」，「宗教に対する考え方」，「宗教に関する認知スタイル」など，日本における「宗教観」を確実に実態として確認していくことが求められる。

　宗教観に関する調査は，現在，さまざまな客観的主観的視点から数多くなされている。文化庁（2015）は，「宗教法人等の運営にかかわる調査」委託業務「宗教関連に関する資料集[1]」を発表している。「調査対象事項の中に宗教に関する事項が含まれているものは少なくない」と述べている。

1）宗教関連統計に関する資料集―文化庁「平成26年度宗教法人等の運営に係る調査」による成果である。各都道府県の宗教法人・事務担当者向けに，実務において参考となる宗教関連統計の主な結果の概要を所載したものである。

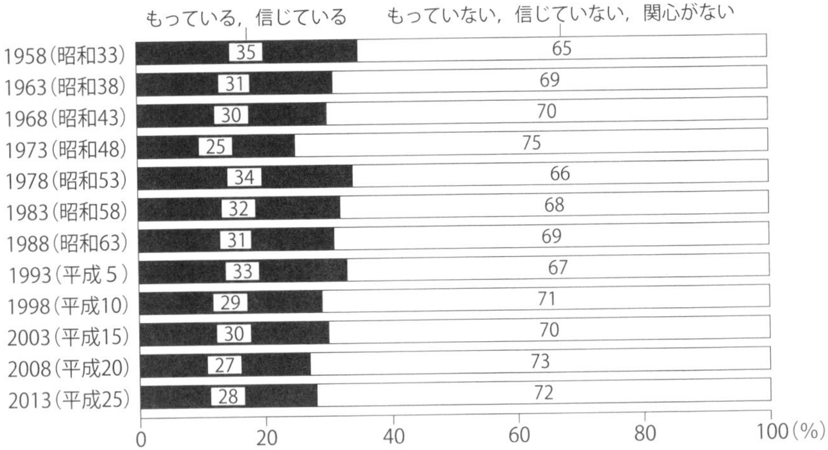

	もっている，信じている		もっていない，信じていない，関心がない	
1958（昭和33）	35		65	
1963（昭和38）	31		69	
1968（昭和43）	30		70	
1973（昭和48）	25		75	
1978（昭和53）	34		66	
1983（昭和58）	32		68	
1988（昭和63）	31		69	
1993（平成 5 ）	33		67	
1998（平成10）	29		71	
2003（平成15）	30		70	
2008（平成20）	27		73	
2013（平成25）	28		72	

Figure1 「宗教を信じるか」に関する意識の推移（1958〜2013 年）

出典：各年「日本人の国民性調査」（統計数理研究所）より宗教関連統計に関する資料（文化庁，2015）より作成。

　統計数理研究所の「日本人の国民性調査」は，1953（昭和28）年から 5 年ごとの調査を実施しており今日まで約 60 年間継続している[2]。調査は同じ基本的調査方法で 20 歳以上の個人を調査対象としている。そのうち宗教に関わるものとしての質問項目は，「宗教を信じるか」「宗教心は大切か」「あの世を信じるか」「宗教は科学か」「先祖を尊ぶか」の 5 点である。「宗教を信じる」解答者数は，約 60 年間増減は若干あるが約 3 割である（**Figure1**）。同様にして，年代別比較を **Figure2** に示している。

　最も信じていると回答した世代は 70 歳代以上であり，そのうち 44％が信じている。最も少ない世代が 20 歳代で 13％となっている。年齢を重ね世代が上がるにつれ，宗教を信じていると回答する者が増加している（**Figure3**）。

　「宗教心は大切か」の質問に対しては，過半数が大切であると回答している。世代的には，70 歳以上が最も高く 77％，20 代・30 代が 50％台と最も低い。

---

2) 統計数理研究所では，1953 年以来 5 年ごとに「日本人の国民性調査」とした社会調査を継続実施している。継続調査としての国民性調査の目的は，①長期にわたる継続質問項目によって，日本人の"ものの考え方"の変化の様相を明らかにすること，②従来との継続を図りながら，将来の新しい動向を探り，それに備えることとされている。安定したデータとして採用した。

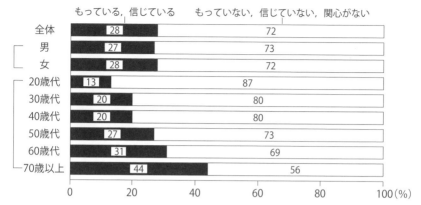

Figure2 「宗教を信じるか」に関する意識（全体・男女・年代別，2013年）
出典：Figure1に同じ。

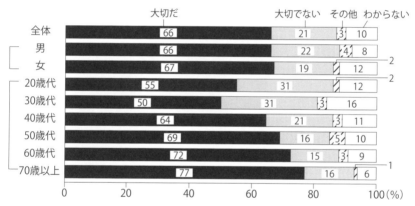

Figure3 「宗教心は大切か」に関する意識（全体・男女・年代別，平成25年）
出典：Figure1に同じ。

　また，NHK放送文化研究所は，「日本人の意識」調査を約40年間（1973年~），5年ごとに実施している。宗教意識に関する質問は2項目なされている。その質問項目の一つが「宗教とか信仰とかに関係すると思われることがらで，

3）NHKは，1973年以来5年ごとに「日本人の意識」調査を実施している。社会や政治に関するその時々に関心の高い問題に対して日本人が抱いている意見や，生活に関するさまざまな実感について調査し，その結果を番組で放送するなど広く社会に還元している。

あなたが行っているもの」である。2018年には1位が「墓参り」70.9％，2位「お守り・おふだ」30.4％，3位「祈願」25.4％，4位「おみくじ・占い」24.4％となっている（NHK放送文化研究所，2019）。

　また同様な内容の調査として，読売新聞は，「宗教観」（宗教と宗教的行為）について全国的世論調査（1979年～[4]）を実施している（**Figure4**）。

　「宗教の捉え方」，「宗教に対する考え方」，「宗教に関する認知スタイル」の日本における「宗教観」に関する文化庁（2015），NHK，読売新聞などの調査は，宗教に対する認知のあり方と行動に関する20代から70代以上の成人を対象とした実態調査である。

　このような膨大な調査に関して，多くの知見が得られている。その共通している結果をまとめて次にあげる。

① 「宗教を持っているか」「信仰がある」「宗教を信じているか」などの質問には，「持ってない」「信じていない」と回答するものが過半数であり，60年，40年等の長期にわたり，ほとんどその傾向は，変動していない。

② 「特定の宗教，今までの宗教」にはかかわりなく「宗教心」「宗教的な心」は大切であるとの質問には，過半数が「大切である」と回答する。この傾向は，40年間，過半数を維持している。

③ 日常生活において「盆や彼岸にお墓参りをする」「正月に初詣をする」などの行為は，過半数の回答者が「行っている」と回答している。各々1980年は70％・56％であったが，2008年は78％・73％へと割合が増加している。

④ 「宗教を信じるか」の質問に対して，世代比較を行うと，70代以上が44％最も高く，最も低いのが20代の13％である。若年層ほど低い傾向がある。

　これらの調査から，日本人の宗教観に対して見えてくるものとして，「特定

4）読売新聞社が「宗教観」をテーマに1979年から世論調査を実施し，その結果を随時発表している。調査結果年度比較がグラフ化されており，コメントが加えられる。大見出しには「宗教心 静かに息づく」などがある。

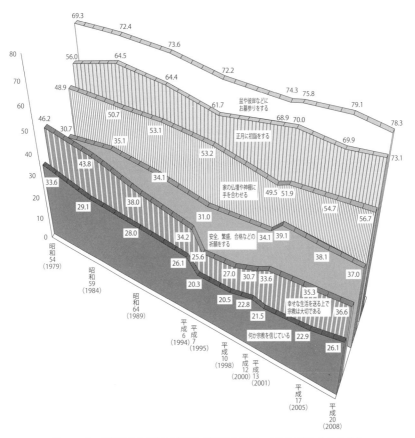

Figure4　宗教観の変遷（1979（昭和54）年〜2008（平成20）年）

出典：『読売新聞』昭和54年8月20日，昭和59年8月20日，平成7年6月27日，平成10年5月
　　　30日，平成12年3月2日，平成13年12月28日，平成17年9月2日，平成20年5月30日
　　　より作成，宗教関連統計に関する資料（文化庁，2015）

の宗教は持たない」のは，決して日本人に，「宗教心や宗教観が存在していない」からではないという事実である。

　さらに，20歳世代とそれ以降，70歳世代の比較により，年齢を重ねることにより，宗教に対する所属感や欲求，宗教心，宗教観が高まるのは，社会経験や，人生への知見の増加により，宗教の意味などの価値を認知する傾向が強くなっていくのだと考えることができる。

本書において，すでに社会適応を遂行し，必要とする宗教観を得ている世代を研究対象とするのではなく，むしろこれから社会適応を促進していく世代，すなわち後期青年期に位置する大学生を調査対象世代として，宗教観とその適応に関する分析の焦点を当てていく。

1-2-2. 宗教観に関する青年期「学生を対象とした意識調査」

　若い人の多くは，宗教を信仰しているわけではないのに，「霊魂」や「あの世」などの「宗教的なもの」の存在は信じている（NHK放送文化研究所，2009）。

　このような青年期後期に位置する学生の宗教に対する意識調査を，宗教社会学の視点から20年間継続しているのが，國學院大學日本文化研究所プロジェクトと「宗教と社会」学会・宗教意識調査合同プロジェクトである。学生宗教意識調査総合分析（1995年度から2015年度）（井上，2018）[5]の編集責任者である井上順孝教授は，全国の大学生4,000名に対し，20年間12回のデータを比較し，クロス集計を実施し，性差・宗教のありなしに関する考察を加えている。このような宗教社会学専門家による詳細な観点からの全国規模調査は，非常に貴重である。

　調査は，個人の信仰に関わること，家庭の宗教に関わること，宗教的習俗に関すること，宗教関連の社会問題に関すること，宗教教育，友人の信仰，情報化への対応などの他，学生の意識と，その環境に関する広範囲にわたる宗教社会学的視点からの精細な調査を展開している。

　膨大な調査報告において明らかになったことの一部として，「信仰を持っている」と回答する学生は，20年間，常に5%〜8%の割合で推移していること，「宗教に関心がある」とするものが約半数，「神仏や霊魂の存在」「先祖は自分

5）調査プロジェクトは1995年度に発足し，全国の大学生・専門学校生を対象に，宗教，習俗，呪術，オカルト，精神世界などに関する事柄へのアンケート調査を毎年新学期に実施，その結果を分析している。質問項目は20，項目ごとに細かな下位質問が設けられている。内容概要として，(1)学生およびその家族の宗教への関わり，(2)宗教に関連した最近の話題等への意見，(3)オカルト・超常現象・占いへの関心の度合い，等。約半分は，毎年同じ質問であり，残りは少しずつ異なった質問内容となっている。調査規模は毎年30〜40校程度，有効回答数は4〜6千人程度（99年度は1万人程度）。データ入力は國學院大学日本文化研究所の総合」プロジェクトとの合同で行っている。

たちを見守ってくれている」「死後の世界の存在」「初詣」については過半数が肯定的にとらえていることなども明らかになっている。

さらに「宗教は人間に必要」「宗教を信じると，心の拠り所となる」は5割以上が選択している。

一方，「宗教は危ない」を選択している者も6割以上となる。このような肯定的側面と否定的側面の両方が併存していることも明らかとなった。

大学生は，世代間比較において宗教を信仰していない人口が圧倒的に多い。宗教を危ないと否定的な要素を指摘する学生も多い。その一方，「宗教の必要性」と，「心の拠り所」など，有効性も受容し肯定的要素を指摘する学生も強いのである。

國學院大學調査報告は，「明確にされたことは数多い。印象論で語られがちな若い世代の宗教観，宗教意識，あるいは宗教行動であるが，こうした調査に基づく分析は……世俗化という言葉で片づけられない……学生たちの複雑な意識や行動がうかがえる。」(井上，2018) と実証的な調査から，結語している。

これらの結果は，先に述べた文化庁・統計数理研究所・NHK・読売新聞などの調査結果と内容的に一致し，さらに他にはない青年期後期にある大学生に関する宗教観の実態に，宗教社会学的な視点から踏込みがおこなわれ分析されている。「無宗教といわれることの多い日本人だが，実は広い意味での宗教的なものやスピリチュアリティに通じるような感受性や考え方を心に包み込んでいる」(島薗，2007a) ことを，20年間の経過をもって実証している。

さて，青年期後期にある学生はなぜ，宗教は危険であると否定しながら，宗教は必要であると肯定的に受け入れるのであろうか。これからさらに50代，60代，70代と歳を重ね世代を追うごとに，宗教に対する受容感が高まっていくことは調査で明らかになっている。社会経験の知見が増加することで，社会の中で生きていく，すなわち社会的適応の作業がそうさせていくのであろう。

青年期学生の矛盾する認知の枠組みを，本書では，宗教観の構造を明らかにし，その宗教観構造と社会適応の関係を明らかにすることで，一見，相反する「宗教は危険」「宗教は必要」の共存実態の理由を多変量解析によりエビデンス

に基づき客観的に明らかにしていく。

1-2-3. 宗教と社会適応のための「健康」

　社会適応を促進していくためには，身体的側面の健康のみでなく，心理的側面の健康も重要である。健康に関して世界保健機関（WHO）[6]は，その憲章の前文[7]に，「健康とは，病気でないとか，弱っていないということではなく，肉体的（physical）にも，精神的（mental）にも，そして社会的（social well-being）にも，すべてが満たされた状態にあること」（日本世界保健機関協会）と定義している。

　さらに，1998年にこの定義に対して新提案がなされ，スピリチュアル（spiritual and social well-being…）の文言の追加が提案された。これは，「人間の尊厳の確保や生活の質（QOL）を考えるために必要で本質的なもの」[8]と言及し，生きる意味や人が生きていく喜びや苦しみを与えるものという観点から提案されたのである。

　医療の分野では，従来の西洋医学では対応しきれない部分での対応に苦慮している。「なぜ自分だけがこのような難病になるのか。」「なぜ自分が生きているのか」「死んでいくのか」などについてである。「生きる意味」「疾病による苦しみの意味」「死後の世界」について意味を見出そうとするスピリチュアリティ的な部分におけるケアについてである。このような「意味の把握」により，闘病意欲が向上し，免疫力にも統計的有意差が，臨床現場で見出だされることも報告されている。

　さらに，スピリチュアリティは，医療領域だけではなく，現代に生きる人す

---

6) 世界保健機関（World Health Organization：WHO）は，「全ての人々が可能な最高の健康水準に到達すること」を目的として設立された国連の専門機関である。1948年4月7日の設立以来全世界の人々の健康を守るため，広範な活動を行っている。現在の加盟国は194カ国であり，日本は，1951年5月に加盟した。

7) WHO憲章で，前文で「健康」について，定義している。Health is a state of complete physical, mental and social well-being and not merely the absence of disease or infirmity.

8) WHO憲章の健康定義について，1998年に新しい提案がなされた。Health is a dynamic state of complete physical, mental, spiritual and social well-being and not merely the absence of disease or infirmity. 静的に固定した状態ではないということを示すdynamicは，健康と疾病は別個のものではなく連続したものであるという意味付けから，spiritualは，人間の尊厳の確保や生活の質を考えるために必要で本質的なものだという観点から，字句を付加することが提案された。

べてが抱える不適応観，孤独感，喪失感などを緩和し，健康増進のための重要な要素として認識されている。

　さて，宗教とスピリチュアリティについて論じるとき，本書における各概念について整理しなくてはならない。

　欧米の医学系論文においては，スピリチュアリティ（spirituality）と宗教（religion）は同義で用いられることも少なくない，それは日常生活と宗教との親和性の文化的差に起因するものであろうと推察される。例えば，世界基準となっているアメリカの精神医学会によって出版されている精神障害の分類のための「精神障害の診断と統計マニュアル：Diagnostic and Statistical Manual of Mental Disorders：DSM）[9]」において，「religious or spiritual problem（宗教またはスピリチュアルの問題）臨床的関与の対象となることのある状態」と記載されている。「生きる意味」「死なねばならない意味」「存在の意味が分からない」などの根源的な問題は，誰もが経験していることなのである。

　日本における定義も数多い。スピリチュアリティとは，「個々人が聖なるものを体験したり，聖なるものとの関わりを生きたりすること，また人間のそのような働きを指す。」（島薗，2007a），「従来の宗教という言葉が持つ組織や制度という側面とは切り離したところで，個人の体験として存在するある種の宗教的意識に重点が置かれている」（安藤，2007），「宗教の核心部分にあたるが，組織宗教では形骸化したり，表現が抑制されたりする性質をもつ」（堀江，2007）など。つまり，スピリチュアリティと宗教は核心部分で重なり合う部分もあるが，宗教は集団的社会的側面を有し，スピリチュアリティは個人的認知としての側面が重視されているのだとしている。

　人間が社会的適応を促進し，健康に影響を与える要素の一つとして宗教観や，その個人的認知の在り方が極めて重要であり，実際にどのような在り方が具体的な影響をもたらしているのか，宗教観の構造とスピリチュアリティの構造を

9）DSM は，米国精神医学会が発行する「精神障害の診断と統計マニュアル」，米国精神医学会が作成する，精神疾患・精神障害の分類マニュアル。本来はアメリカの精神科医が使うことを想定したものであるが，事実上，国際的な診断マニュアルとなっている。

実証的に検証していくことが求められる。

1-2-4. 宗教と適応に関する臨床事例研究の現状
―宗教を積極的に取り入れる第3世代認知行動療法―

　宗教観を適応促進のために意図的積極的に用いている臨床理論には第3世代の認知行動療法 (Cognitive behavioral therapy：CBT) がある。宗教観の個人的認知的側面を極めて有効に使うことにより治療にさまざまな効果を上げていることが，近年，研究発表され始めている (認知行動療法[10]，第1世代，第2世代については本書第5章参照)。

　第3世代認知行動療法の代表的なものとして，「マインドフルネスに基づいたストレス低減法 (Mindfulness Based Stress Reduction program：MBSR)」「マインドフルネス認知療法 (Mindfulness-based cognitive therapy：MBCT)」「アクセプタンス＆コミットメント・セラピー (Acceptance and commitment therapy：ACT)」「弁証法的行動療法 (Dialectical Behavior Therapy：DBT)」などが列挙される。

(1) MBSR

　もっとも代表的なものが，ジョン・カバットジン (Jon Kabat-Zinn, 1990) によって開発された「ヨーガ瞑想法」を用いた心理的ストレス対処法である「マインドフルネスに基づいたストレス低減法 (Mindfulness-Based Stress Reduction, MBSR)」がある。

　MBSR は「アジアの仏教にルーツをもつ瞑想の一つの形式」と紹介されており，鈴木大拙の影響により「上座仏教サマタ瞑想」「ヴィパッサナー瞑想」などの宗教的東洋行法を適応支援に取り入れ，それを「マインドフルネス」と

---

10) 認知行動療法は，行動療法に，アルバート・エリスの論理療法や，アーロン・ベックの認知療法を加えて発展した心理療法の技法の総称。1950〜60年代から始まる。不適切な反応の原因である，認知・思考の論理上の誤りに修正を加え，認知，感情，行動は密接に関係しており，従来の精神分析における無意識とは異なり，観察可能な意識的な認知に焦点があり，ゆえに測定可能であり，多くの調査研究が実施されてきた。

呼称している。言語は，パーリ語「サティ」の英訳であり，「気を付ける」「注意をする」という意味を持つ，日本語では「気づき」と訳す場合が多い。「マインドフルネス」の定義は「今，ここでの経験に対して評価や判断を加えることをせずに，自ら能動的に注意を傾けていくこと」としている。

マインドフルネス・ストレス低減法を解説する著作で，マインドフルネス瞑想法は，「アジアの仏教にルーツをもつ瞑想の一つの形式」と紹介されている。

最初は，慢性疼痛に悩む患者対象に実施され，現在は世界各地で実践が深化されている。1990 年代には，MBSR と認知療法を組み合わせたマインドフルネス認知療法（Mindfulness-based cognitive therapy：MBCT）を開発し，認知行動療法第 3 世代の代表的アプローチとなっている。特にうつ病の再発予防に効果が高く実証されている。

(2) ACT

次にあげる理論は，スティーブン・ヘイズ（Steven C. Hayes，2005）が開発した「アクセプタンス＆コミットメント・セラピー（Acceptance and Commitment Therapy：ACT）」である。第 2 世代認知行動療法の限界として，クライエントが自らの個人的認知のフレームを修正することを失敗した場合，より悩みが深くなるという実態がある。すなわち「個人が自分の問題を解決するために感情コントロールすることは，逆により大きな苦しみを導き出す。」「物事に対して厳格すぎたり，自らの人生の生きる意味を見失ったり，認知や行動を変化させようとすることは，その上，より大きな悩みを作り出す。」ことも少なくない。よって，まず，自らの置かれている不適応状態から逃避したり，拒否したり，否認したりせずに，あるがままに今の状況を受容（accept）していく，次に，そこに纏わりついている本質的でない感情から自らを解放し，自分にとり意味のあることのみを選択（choose）していく，そして，その選択を実行（take action）していくのである。

MBSR や弁証法的行動療法の影響が強く，マインドフルネスなどの手法が多用されている。この理論の中心にあるのは，不適応状態の困難な気分を減少

させるのが目的ではなく，むしろこの不適応状態にとどまり，自分の人生の一
過程として受け取り，自ら意味づけられた行動へと前進することなのである。

　ケネス・フォン（Kenneth Fung, 2015）は，ACT は，仏教教義の西洋的適用
であるとして，6つの主要な ACT 治療プロセスを整理している。

　「アクセプタンス：受容」

　「脱フュージョン（認知的フュージョン）」

　「今，この瞬間」

　「自己としての状況：概念としての自己，文脈としての自己」

　「価値：価値に沿った方向性」

　「コミットされた行動：目標に向かっての行動」

　仏教の「一切皆苦」，「諸行無常」，「諸法無我」，「涅槃寂静」のような仏教に
おける共通の教義のいくつかの類似点を指摘している。スピリッチュアルなら
びに多様な宗教的文化的視点を組み込むことができる統合療法として今後の発
展も期待されている。

（3）DBT

　マーシャ・リネハン（Marsha M. Linehan）によって開発された，弁証法的行
動療法（Dialectical Behavior Therapy：DBT）は，不適応状態にある自分を変化さ
せることよりも「変化させようとせずに，そのまま受容すること」の重要性を
強調している。不適応状態の「受容」に注目し，瞑想法（禅）から影響を受け，
境界性パーソナリティ障害に対する治療法として開発され，今日では，気分障
害，不安症状，摂食障害にも適用される。

　DBT の基本的技法は，マインドフルネスである。マインドフルネスは「注
意を配り，注意深くあること」を意味している。これは，瞑想様式と内容的に
一致したものである。マインドフルネススキルは，理知的な心（reasonable
mind）な心と，感情的な心（emotion mind）に「注意を配り，注意深くあること」
で，賢い心（wise mind）に到達する「手段」として位置づけられる。理知的な
心は，感情的な心によって侵害されるとして，その両方を結びつける賢い心を

習得すると，アンバランスである不適応状態が，バランスのとれた平衡へと矯正されるとしている。誰もが，人間の心の奥底に有する知恵として「賢い心」を持っているとしている。その人の真実であるもの，効果的，純粋な行動，思考，感情，自己概念を，不適切だと考え，罰したり批判したりすることである。感情，対人関係，自己，行動，認知というその行動様式のカテゴリーすべてを治療の対象とし，DBT ストラテジーと心理社会的スキル・トレーニングにより治療を行う。心理社会的スキル・トレーニングにマインドフルネスが含まれ，その根幹のスキルには，各人が心の奥に持つ知恵である「賢い心」があるとされる。

マーシャ・リネハンは，自らが「境界性パーソナリティ障害」を患った経験があり，自らの体験からの気づきが，多大なる影響をこの理論に与えていると考えられている。

さらに，DBT は，治療の進展にとって医師やカウンセラー，患者間の人間関係が重要であり，最悪の事態である自死に至ることを防止する効果もあるとしている。DBT 集団訓練を患者間にて実施するのは，その良い人間関係が治療に影響するとしているからである。

(4) RCBT

ミシェル・J・ピアース (Michelle J. Pearce) は，スピリチュアリティ・宗教的信念を統合した心理療法は，うつに対する介入的研究において，効果が高いと述べ，うつ治療のため，宗教と統合された新しい認知行動療法 (CBT) である宗教認知行動療法 (Religiously Integrated Cognitive Behavioral Therapy：RCBT) を開発した (Pearce et al. 2015)。

介入法・実施法は，次の要素から構成されている。

「RCBT 概要の説明」

「宗教的信念・行動の RCBT フレームへ統合法の説明」

「個人的宗教的信念，練習，リソースに合わせたうつ軽減のための宗教認知行動療法 (RCBT) マニュアルの説明」

「繰り返し：人間の思考・解釈・認知が，その人の感情と行動に影響を与えることは，多くの世界宗教に共通しているとして，自らの認知に働きかける言葉を繰り返す。」

宗教の世界観と価値体系は，多くの場合，神聖な経典の上に成り立っており，神聖な経典は，うつ思考から，より適応的で正確な思考を形成するために使用することができるとしている。

RCBTでは，精神的健康を促進するための経典に見られる原則を，個人の持っているネガティブであいまいな認知のフレームと入れ替えるために，経典を暗記し，繰り返し，そして瞑想して定着させる。心理教育の訓練をしていくのである。

RCBTでは，また，クライエントの個人的宗教的背景に応じた5つの主要な世界の宗教として，キリスト教，ユダヤ教，イスラム教，仏教，ヒンズー教に対して治療法の開発と事例適応をしている。

以上のように，宗教観の個人的認知的側面，スピリチュアリティ的要素などの適応支援の事例研究による効果は，欧米において非常に多くの実績が積まれている。一方，日本においては，宗教に対する親和性の相違もあり，直接的に宗教観を用いる介入事例は，欧米との比較において極めて少ない。また，適応支援において，具体的にどの要素が効果的な働きをしているのかの実証的研究は少ない。

今まさに，120年の歴史を経て，科学万能思考である宗教否定からフロイトの精神分析に発した臨床心理学は，再び，宗教を再評価し，肯定的な取入れを始めたのである。宗教と適応に関する研究は，日本独自の文化における宗教性を基に実証的にエビデンスに基づきつつ，日本において深化させていく必要がある。本書の意義や独自性は，まさにそこに見出し得る。

1-3. 意義と独自性

最先端の臨床心理学理論に第3世代の認知行動療法がある。マインドフル，

ACT などをあげることができる。心理支援のためにはその個人の持つ文化的環境が大きく影響しており，その「認知」フレームの根底にある「コアビリーフ」「スキーマ」の存在に，臨床心理学の注目が集まっている。欧米では，宗教的な要素，スピリチュアリティ的要素をそこに見出し，フロイトから続く，科学的心理支援の枠組みのみではなく，個別的文化的なそれらの要素を取り入れて「適応」支援する実践研究・理論研究が深化しつつある。キリスト教，イスラム教，ヒンズー教，仏教などの要素を取り入れた心理支援の理論であり，実績も積重ねられ高く評価されつつある。精神科における病院臨床に関する論文などでの多くの成功事例が報告されている。

いわば，約120年前に宗教的枠組みによる理解を否定し，不適応事態に対する心理支援を科学的たらんとしたフロイトから始まった臨床心理学理論は，今日に至り，心の癒しを求める根本の安らぎを宗教的認知や行為に見出し，技法的に再統合，回帰されつつあるのである。つまり，現代，まさに，人間の持つ認知的枠組みにおける宗教的影響の再評価が行われているのである。

しかし，日本では，宗教やスピリチュアリティに関する社会的受容力が弱い傾向があり，日本独自の文化的環境から臨床心理学研究に宗教やスピリチュアリティの視点による科学的関係性についての実証的研究はまだまだ少ない。

これらのことから，本書の意義として以下の4点をあげる。

第1. 現代の日本における宗教的なイメージの枠組み（宗教観）の構造（宗教に対する否定的側面と肯定的側面など）を明らかにし，宗教観構造が，社会適応や自己の成長に与えている影響を実証的に明らかにすること。
第2. 宗教観の肯定的側面の構造を検討し，個人的な自己信頼感や幸福感などのいわゆる認知的適応と行動的適応に与える影響を明らかにすること。
第3. 宗教観の肯定的側面が，不適応状態に与える影響を明らかにすること。
第4. 宗教観の肯定的側面からアプローチする認知行動的セルフモニタリング変容を用いた認知行動療法の事例研究によってその適応を検討すること。

個人の信念や価値観に基づく行動選択は，自らセルフモニタリングされた結果であるか否かにより，その後の行動展開に大きな影響を与える。自己内に形成されている認知的枠組みと，環境との間に存在するモニタリング認知の存在が人間の適応に大きく関わっている (山﨑，2013)。

　認知行動的セルフモニタリングを心理教育し，認知再構成法によって，より適応的な認知的枠組みを獲得していくこと，そして心理教育による日常的トレーニングを積み重ねることにより成功体験を継続的に経験し，最終的に自らの自己効力感を向上させ，自己コントロールができるようになることが社会適応に重要である。

　個人の認知的枠組みにおいて個人的に与えられた文化的環境は，大きな影響を与えており，自ら育った文化によって，それは大きく異なる。キリスト教文化圏，イスラム教文化圏，仏教文化圏など，各文化圏における認知的枠組みは，そこに住まう人々の行動を大きく規定している。現代の日本においては，宗教に関するその社会的規定因として，多くの文化圏の併存，あるいは儀式的併存が有るのは周知の事実である (神道儀式，仏教的儀式，キリスト教的儀式，他)。だがこれらの併存的現代日本における宗教と認知行動的セルフモニタリングに関する研究は再度述べるが非常に少ない。

　心理支援 (認知行動的アプローチ) 実践研究の中で，支援を受けている多くの事例から，人間の生きる「意味の把握」の重要性が経験的に見出されてきている。「こころの拠所」の有無が，人生における将来の選択に影響を与えていることは，認知行動的セルフモニタリング研究によって明らかにされている (山﨑，2012)。

　認知行動的セルフモニタリングの枠組みとしての個人の内なる宗教と生きる意味，および行動選択に関する実証的調査研究であること，また，青年期に至る宗教に関する心理教育におけるエビデンスを提言していくことが，本書の意義である。

1-4. 本書の構成

本書は **Figure5** に示すように 7 章から構成される。

第 1 章では，宗教と認知行動的セルフモニタリングに関する概要である問題意識と背景を説明した。先行研究における各鍵概念の定義，およびその背景もまとめた。

第 2 章では，現代日本の青年の有している宗教観の構造，そして，その構造と社会適応との関係，さらに青年期の社会適応のための発達課題としてのアイデンティティ（自我同一性）に与える影響を，多変量解析により根拠に基づき明らかにしていく。

第 3 章では，第 2 章にて明らかになった宗教観の中で，第 3 因子に注目し，その個人的認知としてのスピリチュアリティ的認知（信念）に焦点を当て，その構造と心理的健康の指標としての Subjective Well-Being（主観的幸福感）と，適応的行動としての対人ストレスコーピングの関連を多変量解析により根拠に基づき明らかにしていく。

第 4 章では，第 3 章にて明らかになったスピリチュアリティ的認知（信念）と，臨床心理学的課題の「抑うつスキーマ」との関連を検討し，抑うつスキーマの変容により適応行動に与える影響を多変量解析により根拠に基づき明らかにしていく。

第 5 章では，認知行動療法第 3 世代の導入に至る第 1 世代の行動療法，第 2 世代の論理療法・認知療法の理論を確認する。第 3 世代における個人的認知の変容に宗教的スピリチュアリティ経験を取り入れ，適応を促進していくに至った道程をまとめていく。

第 6 章では，宗教的認知「努力は必ず報われる」「誰も見ていないと思っても，必ず何かが見守っていてくれる」「正しい行いを続ければ，自分は守られる」などの，表れが，心理的安定に貢献し，次第に言語化され。自己肯定感が強化されることなった事例研究を分析する。

第 7 章では，研究の総括を行い，青年期の適応の視点から宗教と認知行動的

セルフモニタリングに関する研究を通じて見出されたことを礎とした提言を行っていく。

第1章
第1章　宗教と認知行動的セルフモニタリングの概要
―臨床心理学理論と宗教―

第2章
宗教観と青年期適応
―宗教観・信仰の有無と適応感・アイデンティティ確立の因子相関―

第3章
スピリチュアリティ的認知（信念）と青年期適応
―Subjective Well-Being（主観的幸福感）および対人ストレスコーピングにおける因子相関―

第4章
スピリチュアリティ的認知と抑うつスキーマ
―認知行動的セルフモニタリング「抑うつスキーマ」における因子相関―

第5章
認知行動カウンセリングの背景
―宗教観における個人的認知変容による適応支援への道程―

第6章
事例研究：女子高校生の過食行動に対する認知行動的セルフモニタリングカウンセリング
―「正しいことは，報われる」「何かに見守られている」認知の出現による安定化―

第7章
宗教の認知行動的適応支援への提言
―まとめとして―

Figure5　構　成

第2章　宗教観と青年期適応

—宗教観・信仰の有無と適応感・アイデンティティ確立の因子相関—

　本章は，宗教観と青年期大学生の適応およびアイデンティティ確立との関係を，質問紙調査を用いてエビデンスに基づいた実証を行うことが目的である。質問紙はフェイスシート，宗教観尺度，適応感尺度，アイデンティティ確立尺度により構成されている。質問紙配布・即時回収。因子分析を各尺度に対し実施，各因子を抽出，その後，各因子間における影響を測るために重回帰分析を行った。

　その結果「信仰していない群」において有意な影響が見出された。宗教観「守護・見守られ因子」が適応感「被信頼・受容感因子」に，宗教観「排他・強制因子」が適応感「孤立・拒絶感因子」に影響を及ぼしていた。項目からは「守護霊や守護神に守られていると思う」等の認知が，「必要とされていると感じる」や「他人から頼られていると感じる」などの適応感を高めていた。また宗教観「守護・見守られ因子」は「アイデンティティ確立因子」に正の影響を及ぼしていることも明らかになった。

2-1.　宗教観と適応の関係

2-1-1.　今日の宗教観

　今日の日本において「信仰する宗教がある」あるいは「特定の宗教集団や宗教団体に所属し，信仰を深めている」人口数は，諸外国と比較すると決して多くはない。國學院大學による学生意識調査によれば「現在，信仰を持っていると答えた学生は8％」(井上，2013)。「実際に宗教集団や宗教団体への所属度は低く，青年では1割にも満たないと言われている」(石井，2007)のが現状である。

宗教集団を「礼拝や伝道活動といった宗教活動を行う集団のことで，かつ教義・儀礼行事・信者・施設の４つの要件を満たしたもののこと」，宗教団体を，「宗教集団の内部に地位や役割の分化が生じ，地位の体系が作り出されて組織化したもののこと」(石井，2007)との定義を用いるならば，日本の宗教人口はその範疇から大いに外れることとなる。しかし，その一方，正月は神社に初詣，お盆はお寺に墓参り，クリスマスは教会でキリストの聖誕を祝うなど，現代の年間生活ルーティンにおいて宗教に起因する行事への参加行動は日常化しており，その宗教に起因する行事参加が社会適応上有効なものとさえなっている様相もある。

2-1-2. 宗教観

　宗教に起因する行事参加を社会的適応行動に成らしめる要因として，「こころの深層に加護観念と霊魂観念が隠れていて，当人もそれを宗教だとは通常意識しない宗教性を持っている。加護観念とは，年中行事としての軽い宗教との結びつきに親しみを感じ，自然に対しても神仏のように謹んだ気持ちをもった宗教性のことである。霊魂観念とは霊的存在への信仰や死者への畏怖の感情，あるいは願いごとを叶えてくれたり，たたりや罰を与えてくれたりするような人知を超えた存在に対する畏怖の念，あるいは輪廻転生を信じることなど，そうした観念が合わさったもののことである。この２つの観念は日本人が脈々と受け継いできた宗教観といえる(金児，1997)[1]等も説明として挙げられている。

　この宗教的関係性やその程度を表現する概念である「宗教性」は，「個人における宗教への関わり」を意味し，「宗教観」は「宗教に対する考え方」「宗教に関する認知スタイル」と，ここで定義する。宗教観の認知的枠組み如何によってその後の人間行動が規定される。初詣，墓参り，クリスマスなどの日常行動化の要因は，社会適応と宗教観と関連性が実証されることにより，その因果関係が明らかとなっていくのである。

---

1) 金児曉嗣(1997)は，宗教観の因子分析において，向宗教性，加護(報恩)観念，霊魂(応報)観念を抽出している。

2-1-3. 宗教観の認知的枠組み

　人間個人の信念や価値観に基づく行動選択は，自らセルフモニタリングされた結果であるか否かにより，その後の行動展開に大きな影響を与える。自己内に形成されている認知的枠組みと，環境との間に存在するモニタリング認知の存在が人間の適応に大きく関わっている[2]（山﨑，2012）（**Figure6**）。

　個人の認知的枠組みにおいて社会的文化的環境は，大きな影響を与えており，自ら育った文化によりそれは大きく異なる。キリスト教文化圏，イスラム教文化圏，仏教文化圏など，各文化圏における認知的枠組みは，その行動を大きく規定している。

　現代の日本においては，宗教に関するその社会的規定因として，多くの文化圏の併存，あるいは儀式的併存が有るのは周知の事実である（神道儀式，仏教的儀式，キリスト教的儀式，他）。この現代日本における宗教と「認知行動的セル

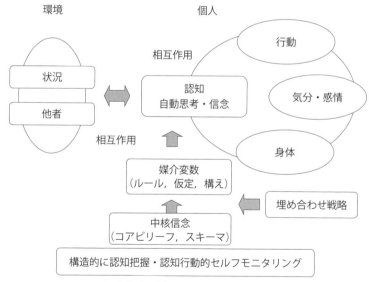

Figure6　認知行動的セルフモニタリング構造図

出典：山﨑（2012）

2）認知行動的立場における行動コントロールにおいて，セルフモニタリングは行動に対するモニタリングだけでなく，モニタリングされた行動に対する認知も重要とされている。

フモニタリング」に関する研究，特に日本における青年期の自己と，その自己を取り囲む社会的イベント，適応に関する結果としてアウトプットされる行動の間に介在する宗教およびその文化的儀式の意味についての認知行動的相関関係をエビデンスに基づいて明らかにした研究は少ない。

　よって本章においては，適応に関する認知行動的セルフモニタリングと宗教に関する調査を実施し，多変量解析を用いた分析を行い，認知行動的セルフモニタリングにおける宗教の占める位置を明確化するために，宗教観と青年期の適応およびアイデンティティ確立[3]の関連について実証してくことを目的とする。

2-1-4. 青年期の適応感とアイデンティティ確立

　日本の大学教育の実態は多様化している。エリート教育の環境提供のみならず，専門職・社会的スキルの醸成，高等学校から社会へつなぐ時間的橋渡しの「つなぎの場所」，モラトリアム[4]からアイデンティティ確立までの「心の居場所」他，さまざまな位置づけがなされている。同様に，この多様な意味づけは，大学生の環境への適応課題の多様化を必然的に生じさせている。

　適応を「個人と環境の調和」（大久保，2005）と定義し，同様に適応感を，「個人と環境の調和についての認知」と定義する。

　さて，青年期は児童期から成人期への移行期としてライフサイクル上に位置づけられている。人生の中でも特に宗教とは密接な関係をもった時期である。なぜならば，青年期は知的発達によりそれまで受け入れてきた社会的信条や儀礼慣習に疑問をもち，再構築を始める時期であり（谷，2007），また，青年期は成人期への移行期であり，著しい変化を経験する時期であることからアンバランス状態を基本的特徴としている。不安定な気持ちを安定に導くためさまざまなものに「意味の把握」の努力をする。そこにスピリチュアルな視点や宗教性

3）　自己同一性・自我同一性（アイデンティティ：identity）は，心理学において，ある者が何者であるかについて他の者から区別する概念，信念，品質および表現をいう。エリク・エリクソンは，青年期の発達課題であるとした。

4）　アイデンティティが達成されるまでのまでの準備期間を「モラトリアム」という。エリク・エリクソンは，青年自身の心に大きな葛藤を抱えている状態を意味する。この時期に，それまでに獲得してきたさまざまな自己の部分を定義しなおす。

のある行動や思考に，関心を高めていく動機づけが存在するのである。青年期の重要な発達課題としての自己のアイデンティティ確立が正にそこに関係してくるのである。

アイデンティティとは過去から未来へ至る時間の中で自分は一貫して自分であり，しかも社会的関係の中で他者からそのような自分を認められているという感覚であり（下山，1998），この感覚は，青年期における「自分とは何か」という自己への問いとそれに引き続く心理的葛藤を通して獲得され，その点でアイデンティティを確立するためにはアイデンティティの危機が前提となる。すなわち，青年はアイデンティティの危機を乗り越えて「これが自分である」という自己アイデンティティの感覚を獲得することで社会的存在としての主体性を確立し，成人期への適応的移行が可能となる（下山，1998）。

危機は，アイデンティティ確立には欠かせないものであり，その危機に対する適応行動の一つとして，政治や宗教など信仰したり活動にのめり込んだり，仲間集団で忠誠を誓い合ったりして集団アイデンティティを維持しようと試みる（高木，1995）。集団アイデンティティは，ある特定の集団に対して個人が抱えている社会的アイデンティティである。元来，社会的アイデンティティは，「自分がある社会集団に所属している」という個人の認知と，その集団の成員であることに伴う価値や情緒的意味を指す。このことから，集団アイデンティティとは，「自分はこの集団の一員だ」という準拠集団としての個人の認知であり，その集団に所属することによって個々の成員が得られる社会的評価の認知的な側面を含むといえる。したがって，青年期後期の宗教を信仰している人々は，その信仰を通して集団アイデンティティを獲得・維持しようとすることで危機を乗り越える。

しかし，アイデンティティ確立と，さらに自己アイデンティティおよび集団アイデンティティと宗教観の関連についての実証的な研究は多くはない。

本章の目的は，今日の青年期後期大学生における宗教観や信仰の有無が，環境に対する適応と自らのアイデンティティ確立にどのような影響を及ぼしているか，質問紙調査によりエビデンスに基づいた因子相関を用い，明らかにして

いくことである。

2-2. 宗教観・信仰の有無と適応感・アイデンティティ確立の実態調査

2-2-1. 質問紙調査法

集団調査法。授業終了後，質問紙を配布。記入終了後即時回収。

配布時，調査対象者に対し「回答を行う義務はない，何ら不利益は生じないこと，回答は研究以外では用いられないこと，統計的に処理され，個人に関するプライバシー管理は徹底されること」を提示した。

2-2-2. 質問紙の構成

質問紙は，以下の構成である。

① 「フェイスシート」年齢と性別の記述を求めた。

② 「信仰の有無」に関する質問

調査対象者の宗教の信仰の有無を尋ねた。宗教団体への所属，信仰の有無を組み合わせ，以下の5つの中から選択をする。

    1. 宗教団体に所属し，信仰している

    2. 宗教団体に所属はしていないが，信仰している

    3. 宗教団体に所属しているが，信仰はしていない

    4. 宗教団体に所属せず，信仰もしていない

    5. その他（その他選択の場合は，その理由の記述を求めた。）

③ 「宗教観尺度」40項目4件法

宗教観尺度として，張・高木 (1989)，谷 (2007) による40項目の質問紙を用いた。1：「全くそう思わない」―4：「非常にそう思う」の4件選択法。質問項目と因子構造は **Table1** に示す。

④ 「適応感尺度」29項目4件法

適応感尺度として，大久保・青柳 (2003) の29項目の質問紙を用いた。1：

「全くあてはまらない」―4：「非常にあてはまる」の4件選択法。質問項目と因子構造はTable2に示す。

⑤　「アイデンティティ確立尺度」10項目4件法

アイデンティティ確立尺度として，下山（1998）の，アイデンティティ確立尺度の10項目の質問紙を用いた。1：「全く当てはまらない」―4：「よく当てはまる」の4件選択法。質問項目と因子構造はTable3に示す。

⑥　自由記述

自由記述欄を設け，宗教に関する思い（認知），自らの過去体験等，記述希望者のみ記入することを求めた。

2-2-3. 調査期間

2013年10月〜2月。

2-2-4. 調査対象

都内国立私立大学生458名の質問回答紙回収。回答の不備や欠損値などを検討し，有効回答数452名を分析対象とした。

全体　452名（18－25歳，平均年齢20.05歳，SD＝1.18）

男性　　96名（平均年齢20.63歳，SD＝1.30）

女性　356名（平均年齢19.90歳，SD＝1.10）

2-3. 宗教観が適応感・アイデンティティ確立に及ぼす影響

2-3-1. 信仰の有無

宗教団体への所属，信仰の有無を組み合わせた5つ選択肢のうち最も多かったのは「宗教団体に所属せず，信仰もしていない」348名（77.0%）であった。男性76名（79.2%），女性272名（76.4%）であった。

「宗教団体に所属し，信仰している」は，12名（2.7%），男性2名（2.1%），

女性10名 (2.8%) であった。

「宗教団体に所属はしていないが, 信仰している」は, 36名 (8.0%) で, 男性2名 (2.1%), 女性34名 (9.6%) であった。

「宗教団体に所属しているが, 信仰はしていない」は, 34名 (7.5%)。男性12名 (12.5%), 女性22名 (6.2%) であった。「その他」は22名 (4.9%)。男性4名 (4.2%) で, 女性は18名 (5.1%) であった。

次に選択した4群を「信仰している」と「信仰していない」群の2群に統合分類すると,「信仰している」群48名 (10.6%), 男性は4名 (4.2%), 女性は44名 (12.4%) であった。「信仰していない」群は382名 (84.5%), 男性88名 (91.7%), 女性は294名 (82.6%) となった。「信仰している」群を「信仰有り群」,「信仰していない」群を「信仰無群」として分析する。

2-3-2. 宗教観尺度の信頼度と因子分析

宗教観尺度に関する信頼性分析を Cronbach の α 係数を用いて行った。その結果, α 係数は .86 であった。よって本尺度の内的整合性は保証された。次に, 宗教観に関する認知構造を確認するため, 各因子間に緩やかな相関が予想され因子分析は, 主因子法, Promax 回転を行った (**Table1**)。その結果, 固有値を配慮し3因子が抽出された。各因子の因子負荷量が低い4項目を削除し, 結果として34項目が選択された。第1因子は「信仰心は心の拠り所や生きがいとなる」「宗教は, 人の手に余る悲しみを和らげ, 救いとなる」「信仰心を持つことで安らぎや幸せを感じることがある。」などの質問16項目からなり, 因子名として「安らぎ・心の拠り所因子」と命名した。

第2因子は「信仰のために, 他に迷惑をかけても気づかなくなる」「宗教により思想が偏り, 物事を客観的, 科学的, 論理的に見ることができなくなる」「宗教には排他性や他への攻撃性, 差別がみられる」などの13項目からなり, 因子名として「排他・強制因子」と命名した。

第3因子は「守護霊, 守護神に守られていると思う」「神や仏は存在する」「いつも, 神や仏に見守られていると思う」などの5項目からなり, 因子名として

Table1 宗教観尺度の因子分折（主因子法　Promax 回転）

項目番号		因子負荷量 1	2	3
	「安らぎ・心の拠り所因子」 $\alpha=.92$			
9	宗教は，人生観，世界観，価値観の基準を与えてくれる	.78	.02	−.13
7	信仰心は心の拠り所や生きがいとなる	.76	.89	−.10
8	信仰によって，自己を内省し，反省することができる	.75	−.06	.03
6	宗教活動を通じて，信者同士のつながりができ，楽しさを感じることが出来る	.73	.03	−.17
32	信仰することによって，お互いに助け合う気持ちを養うことができる	.73	−.01	−.04
5	宗教は，人の手に余る悲しみを和らげ，救いとなる	.69	.04	.00
4	宗教活動によって，皆同じ体験を共有し，共感することができる	.67	.02	−.13
10	信仰心を持つことによって，自分の考えや主張を確立することができる	.64	−.08	−.01
1	信仰心を持つことで，安らぎや幸せを感じることがある	.62	−.07	.08
3	信仰心を持つことによって，心が洗われる	.62	−.13	.24
28	宗教活動には，活動そのものに一体感があり，充実感を得ることが出来る	.59	.19	.01
37	宗教心とは，自分の愛し，信じるものを救い重んじることである	.52	−.05	.14
23	信仰は精神安定剤の役割を果たす	.52	.28	−.01
39	信仰とは感謝する気持ちを学ぶことである	.50	−.14	.20
36	信仰心を持つことによって，生き物に対し，愛情が深くなる	.49	−.04	.19
34	信仰心を持つことによって，人との交わりに我を出さず，和を持って接することができる	.48	−.04	.20
	「排他・強制因子」 $\alpha=.87$			
14	信仰のために，他に迷惑をかけても気づかなくなる	−.11	.75	.12
20	宗教によって，思想が偏り，物事を客観的，科学的，論理的に見ることができなくなる	−.02	.75	.05
13	信仰は，盲目的で他を顧みない	.35	.74	−.03
19	宗教活動は，金銭に結びつき，営利に陥りやすい	−.05	.68	.09
12	宗教組織は，強制的である	−.10	.64	.08
11	宗教には，排他性や他への攻撃性，差別がみられる	.22	.62	−.11
31	宗教活動は，生活を束縛する	−.10	.56	.00
27	宗教は，自信を失った人間の逃げ場となる	.11	.54	.00
30	宗教とは．大いなる自然の力に恐怖した人間の自己防衛手段である	.14	.52	.11
16	宗教は，偽善的である	−.13	.51	.04
24	信仰を持つことは，他力本願で，消極的である	−.12	.50	−.08
17	宗教は，国の考えに影響し，政治に利用され，争いに発展する	.40	.49	−.06
2	信仰心とは，自分以外のものにたよる心である	.19	.48	−.11
	「守護・見守られ因子」 $\alpha=.81$			
26	守護霊，守護神に守られていると思う	−.09	.06	.83
29	いつも，神や仏に見守られていると思う	−.04	−.02	.83
15	神や仏は存在する	−.05	−.03	.77
25	人間は，心の修行をし，正しい行為を重ねることで，その使命を全うして霊界に戻り，輪廻転生を繰り返しながら高次の段階に進む	.12	.03	.60
40	宇宙をコントロールする大きな何かが存在する	.18	.15	.37
	因子間相関　1		−.18	.42
	2			−.31

「守護・見守られ因子」と命名した。

　3因子の累積寄与率は42.94％であった。**Table1**に各因子の相関も示した。さらに各因子のCronbachのα係数は，第1因子「安らぎ・心の拠り所因子」はα＝.92，第2因子「排他・強制因子」はα＝.87，第3因子「守護・見守られ因子」はα＝.81であった。内的整合性は全下位因子が保たれている。

2-3-3. 大学環境への適応感尺度の信頼度と因子分析

　尺度の平均値と標準偏差より，天井効果とフロア効果を検討し該当項目を削除した結果，24項目が選択された。さらにCronbachのα係数は.94であり，尺度の信頼度内的整合性は十分である。

　次に適応感尺度の構造を確認するために因子分析（主因子法，Promax回転）を行った（**Table2**）。その結果，固有値の当てはまりから4因子，因子負荷量の絶対値0.4以上の24項目を抽出した。

　第1因子は「必要とされていると感じる」「一定の役割がある」「良い評価がされていると感じる」などの6項目からなり，「被信頼・受容感因子」と命名した。

　第2因子は「自由に話せる雰囲気である」「リラックスできる」「ありのままの自分を出せている」「周りから理解されている」などの8項目からなり「共感・居場所感因子」と命名した。

　第3因子は「その状況で嫌われていると感じる」「孤立している」「浮いている」などの6項目からなり「孤立・拒絶感因子」と命名した。

　第4因子は「熱中できるものがある」「やるべき目的がある」など4項目からなり「課題・目的存在因子」と命名。

　4因子の累積寄与率は56.26％であった。Cronbachのα係数は，第1因子「被信頼・受容感因子」α＝.87，第2因子「共感・居場所感因子」α＝.90，第3因子「孤立・拒絶感因子」α＝.84，第4因子「課題・目的存在因子」α＝.81であった。このことから，内的整合性の信頼性は十分であった。

Table2　大学生の適応感尺度の因子分析（主因子法　Promax 回転）

項目番号		因子負荷量			
		1	2	3	4
	「被信頼・受容感因子」　α＝.87				
12	必要とされていると感じる	.82	.12	.02	−.11
11	他人から頼られていると感じる	.77	−.04	−.05	.02
14	一定の役割がある	.76	−.15	−.01	.13
25	他人から関心を持たれている	.62	.22	−.13	−.01
7	良い評価がされていると感じる	.55	.03	.13	.13
16	存在を認められている	.44	.12	.20	.06
	「共感・居場所感因子」　α＝.90				
5	周りの人たちと類似している	−.05	.83	−.04	−.20
26	周りに共感できる	.01	.83	−.17	.09
29	自由に話せる雰囲気である	.07	.67	.04	.13
2	周りの人と楽しい時間を共有している	.31	.59	.04	−.03
1	周囲に溶け込めている	.36	.53	.05	−.12
9	リラックスできる	−.07	.49	.07	.33
24	ありのままの自分を出せている	−.12	.48	.03	.44
17	周りから理解されている	.23	−.04	.11	.05
	「孤立・拒絶感因子」　α＝.84				
10	その状況で嫌われていると感じる	.85	−.29	.84	.04
8	疎外されていると感じる	.12	−.09	.79	−.01
18	孤立している	.12	.14	.68	−.12
3	自分が場違いだと感じる	−.21	.23	.66	.11
28	浮いている	−.11	.22	.65	−.13
23	寂しさを感じる	−.06	−.08	.49	.11
	「課題・目的存在因子」　α＝.81				
22	自分のペースでいられる	−.23	.13	.07	.78
27	熱中できるものがある	.23	−.08	−.12	.75
21	やるべき目的がある	.24	−.28	.02	.73
6	好きなことができる	.07	.13	.05	.55
	因子間相関　　1		.61	.55	.51
	2			.67	.53
	3				.33

2-3-4. アイデンティティ確立尺度

　アイデンティティ確立尺度の 10 項目に天井効果とフロア効果は見られなかった。Cronbach の α 係数は .89 であった。内的整合性は十分であった。尺度の構造を確認するために因子分析（主因子法，Promax 回転）を実施した（**Table3**）。本尺度は 1 因子構造であることが確認された。「自分の個性をとても大切にしている」「十分に自分のことを信頼している」「魅力的な人間に成長しつつある」

Table3　アイデンティティの確立尺度の因子分析

項目番号	因子負荷量 1
「アイデンティティ確立因子」　　α＝.89	
4　私は，自分の個性をとても大切にしている	.75
3　私は，十分に自分のことを信頼している	.74
8　私は魅力的な人間に成長しつつある	.71
10　私は，自分なりの生き方を主体的に選んでいる	.71
9　自分の中にまとまりが出てきた	.70
2　社会の中で自分の生きがいがわかってきた	.65
1　自分は，何かつくりあげることのできる人間だと思う	.61
5　私は，興味を持ったことはどんどん実行していく方である	.61
7　私は，自分なりの価値感を持っている	.61
6　自分の生き方は，自分の納得のいくものである	.61

累積寄与率　45.51

等の項目から「アイデンティティ確立因子」と命名。因子の累積寄与率は
45.51％であった。

2-3-5. 信仰の有無および性差に関する検定

（1）信仰の有無に関する検定

　信仰の有無による2群間（以降：信仰有り群，信仰無し群）比較を行うために，
各因子得点について t 検定を行った（Table4）。

　宗教観「安らぎ・心の拠り所因子」と「守護・見守られ因子」は「信仰有り

Table4　信仰の有無別にみた各尺度の因子得点の平均値と標準偏差

所因子	信仰している		信仰していない		
	M	SD	M	SD	t 値
安らぎ・心の拠り所因子	2.79	.55	2.29	.69	3.44**
排他・強制因子	2.26	.52	2.73	.54	−4.06***
守護・見守られ因子	2.58	.81	2.03	.66	3.72***
被信頼・受容感因子	2.61	.57	2.72	.58	−.89
共感・居場所感因子	2.74	.53	2.84	.62	−.72
孤立・拒絶感因子	2.85	.51	2.97	.59	−.94
課題・目的存在因子	3.03	.61	3.13	.64	−.74
アイデンティティ確立因子	2.79	.65	2.74	.56	.41

$p<.01$，*$p<.001$

Table5　男女別にみた各尺度の因子得点の平均値と標準偏差

因子名	信仰している		信仰していない		
	M	SD	M	SD	t 値
安らぎ・心の拠り所因子	2.33	.64	2.36	.69	− .22
排他・強制因子	2.82	.58	2.64	.53	2.05*
守護・見守られ因子	1.80	.67	2.19	.68	−3.56***
被信頼・受容感因子	2.60	.63	2.74	.56	−1.55
共感・居場所感因子	2.61	.67	2.88	.58	−2.74***
孤立・拒絶感因子	2.81	.62	2.99	.55	−1.94
課題・目的存在因子	3.22	.68	3.08	.63	1.36
アイデンティティ確立因子	2.77	.61	2.74	.57	.30

*p<.05,　**p<.01,　***p<.001

群」は「信仰無し群」よりも有意に高い結果が出た。(t=3.44, p<.01), (t=3.72, p<.001),「排他・強制因子」は，「信仰無し群」が有意に高かった(t=−4.06, p<.001)。

　適応感尺度の各因子得点とアイデンティティの確立では「信仰有り群」・「信仰無し群」間に有意差は見出されなかった。

(2) 性差に関する検定

　性差による2群間(男性群・女性群)の比較を行うために，各因子得点について t 検定を行った(Table5)。

　宗教観「守護・見守られ因子」と適応感「共感・居場所感因子」は男性より女性の方が有意に高い結果となった(t=−3.56, p<.001) (t=−2.74, p<.01)。一方，宗教観「排他・強制因子」は，女性よりも男性の方が有意に高いことが明らかになった(t=2.05, p<.05)。その他の因子に，有意差は無かった。

2-3-6. 宗教観が適応感・アイデンティティ確立に及ぼす影響

(1) 各因子の関係

　宗教観が適応感，アイデンティティ確立へ及ぼす影響を明らかにするために，宗教観「安らぎ・心の拠り所因子」「排他・強制因子」「守護・見守られ因子」

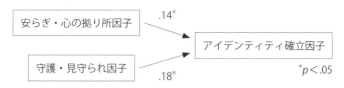

Figure7　宗教観尺度がアイデンティティ確立尺度に及ぼす影響

Figure8　宗教観尺度が適応感尺度に及ぼす影響

を独立変数，適応感「被信頼・受容感因子」「共感・居場所感因子」「孤立・拒絶感因子」「課題・目的存在因子」および「アイデンティティ確立因子」を従属変数とする重回帰分析を実施した。

　その結果，宗教観「安らぎ・心の拠り所因子」「守護・見守られ因子」は「アイデンティティ確立因子」に正の影響を及ぼしていた（**Figure7**）。説明率 R^2 ＝.09，（p＜.001）と1％水準の有意性が認められた。宗教観「安らぎ・心の拠り所因子」から「アイデンティティ確立因子」への標準偏回帰係数は有意な5％水準（β＝.14，p＜.05），宗教観「守護・見守られ因子」から「アイデンティティの確立」への標準偏回帰係数は有意な5％水準であった（β＝.18　p＜.05）。

　また，宗教観「排他・強制因子」は適応感「孤立・拒絶感因子」に影響を及ぼしていた（**Figure8**）。説明率 R^2 ＝.03（p＜.10）と10％水準で有意傾向。「排他・強制因子」から「孤立・拒絶感因子」への標準偏回帰係数は5％水準で有意であった（β＝.18，p＜.05）。

（2）信仰の有無による関係性の検討

　信仰の有無によって，宗教観と大学への適応感，アイデンティティ確立の影響を検討するために，「信仰有り群」・「信仰無し群」に分けて重回帰分析を実施した。

Table6 「信仰有り群」における宗教観尺度の各因子を独立変数とした重回帰分析結果

因子名	被信頼・受容感因子	共感・居場所感因子	孤立・拒絶感因子	課題・目的存在因子	アイデンティティ確立因子
安らぎ・心の拠り所因子	.51	.35	.43	.42	.44
排他・強制因子	.02	.30	−.06	−.20	−.09
守護・見守られ因子	−.04	−.04	−.19	−.19	.09
R^2	.24	.11	.26	.26	.27

数値は標準回帰係数 β　すべて *n.s*

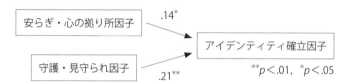

Figure9 「信仰無群」の宗教観尺度がアイデンティティ確立尺度に及ぼす影響

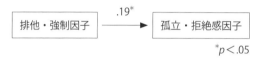

Figure10 「信仰無群」の宗教観尺度が適応感尺度に及ぼす影響①

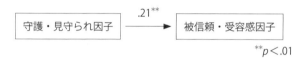

Figure11 「信仰無群」の宗教観尺度が適応感尺度に及ぼす影響②

　「信仰有り群」の分析結果は **Table6** に示した。すべての因子間に，有意な数値が無かった。「信仰有り群」において宗教観は適応感およびアイデンティティ確立に影響を与えていないことが明らかになった。

　「信仰無し群」においては，いくつかの影響が見出された。宗教観「安らぎ・心の拠り所因子」および「守護・見守られ因子」は「アイデンティティ確立」に影響を及ぼしている（**Figure9**）。説明率 $R^2 = .09$（$p < .01$）で有意。「安らぎ・

心の拠り所因子」から「アイデンティティ確立」は標準偏回帰係数5％水準の有意（$\beta = .14$, $p < .0.5$）,「守護・見守られ因子」から「アイデンティティ確立」は，1％水準で有意（$\beta = .21$, $p < .01$）であった。

　さらに「信仰無し群」における宗教観「排他・強制因子」は適応感「孤立・拒絶感因子」に影響をおよぼしていた（**Figure10**）。「排他・強制因子」から「孤立・拒絶感因子」への説明率 $R^2 = .04$, （$p < .10$）の有意傾向であった。標準偏回帰係数は5％水準で有意であった（$\beta = .19$, $p < .05$）。

　次に，宗教観「守護・見守られ因子」は適応感「被信頼・受容感因子感」に影響を与えていた。（**Figure11**）「守護・見守られ因子」から「被信頼・受容感因子」への説明率 $R^2 = .05$（$p < .05$）で有意であった。標準偏回帰係数は1％水準で有意であった（$\beta = .21$, $p < .01$）。

2-4. 宗教観が適応感・アイデンティティ確立に及ぼす影響調査からみた考察

2-4-1. 信仰の有無と男女差

（1）信仰の有無

　宗教観尺度において，「信仰有り群」が「信仰無し群」と比較して，「安らぎ・心の拠り所因子」と「守護・見守られ因子」が有意に高く，「排他・強制因子」が有意に低いという結果は，宗教団体所属か否かにかかわらず現時点の信仰を有している者として，信仰のポジティブな側面を認知している結果の行動として，当然の結果といえよう。

　一方，信仰の有無は，環境への適応感尺度とアイデンティティ確立尺度においては，全く有意な差は見出さなかった。特に，アイデンティティ確立に関して，信仰の有無にかかわらず差が存在しない結果は，先行研究における「宗教に関わっている青年と一般青年の間にはアイデンティティ地位尺度について差は存在しない。」（辻河，1997）と結語していることと同じ結果となった。

　このことは，信仰の有無のみで，単純に環境適応やアイデンティティ確立を

論じることはできないことを意味する。その影響は有意差検定ではなく，影響に関する多変量解析，即ち本章で実施された重回帰分析が必要となることを示唆している。

(2) 性　差

　男女比較において，いくつかの有意差が示された。

　宗教観「守護・見守られ因子」と適応感「共感・居場所感因子」について女性が男性よりも有意に高かった。また宗教観「排他・強制因子」は，女性が有意に低かった。

　「守護・見守られ因子」が，女性が有意に高いことは，先行研究の谷（2007）と同様の結果である。「信仰とか信心をもっている人は男性よりも女性のほうがやや多いことが知られている」（石井，2007）。また，大学生とその両親に実施した調査で，「守護・見守られ因子」の項目に記述されている霊に関する認知が，女性は男性よりも強調される傾向が指摘されている（金児，1997）。この理由として，金児は，女性の出産体験が生命の永遠の繋がりを意識させ，霊的存在に対する感性を養うことになっているとも述べている。

　「共感・居場所感因子」が，女性が有意に高いことは，先行研究の大久保（2005）と同様の結果であった。女性は男性よりも環境に適応することは多くの先行研究において証明されている。

　「排他・強制因子」が，男性が女性よりも高いことは，先行研究の谷（2007）と同様の結果である。これは男性の方が宗教の排他性や宗教に頼る人々の弱さ等のネガティブな側面をより強く意識している（石澤，2003）と説明されている。

2-4-2. 宗教観が適応感・アイデンティティ確立に及ぼす影響

(1) 各因子の関係

　重回帰分析による，宗教観因子の適応感因子およびアイデンティティ確立因子に及ぼす影響を分析した。その結果，宗教観「安らぎ・心の拠り所因子」と「守護・見守られ因子」が「アイデンティティ確立因子」に影響を及ぼしてい

ることが明らかになった。信仰に関するポジティブな側面や超自然的なものの認知や存在を意識することが，アイデンティティ確立を促していることが示唆される。しかし，「アイデンティティ確立」を説明するには説明率は低く，宗教観「安らぎ・心の拠り所因子」と「守護・見守られ因子」のみだけではそれを十分に保証していない，言うなれば，アイデンティティ確立に影響を及ぼす一要素となることが示唆されたとすることが妥当であろう。

　次に宗教観「排他・強制因子」が適応感尺度「孤立・拒絶感因子」に影響を及ぼしていることが示された。これは，宗教に関するネガティブな側面を認知する傾向が強いほど環境に対して拒絶感や疎外感を強く感じることを意味している。信仰を持つことは自らの弱さから生じることと認識し，信仰は排他的で争いを生むなどの否定的な意識が般化され，環境に対してネガティブな行動を選択する傾向が強まると仮定することも可能である。宗教に表面的にのみ関与する人は最も偏見が強い（金児・金児，2005）。信仰を否定的にとらえている場合，宗教の本質よりも表面的な部分に注目し，排他的であると感じたり，偽善的だと感じたり，そこに起因する偏見が，環境への適応感認知に般化されていることも推測される。

(2) 信仰の有無2群別分析

　信仰の有無による，宗教観尺度の因子得点が有意に異なることが明らかになった。ここでは，その信仰の有無別の各群において，異なる宗教観のもとに，適応感およびアイデンティティ確立に及ぼす影響の違いについて検討する。

　「信仰有り群」においては，宗教観が環境に対する適応感やアイデンティティ確立には何ら影響を与えていないことが明らかになった。これはすでに宗教集団に所属している，あるいはすでに信仰を深めている個人において，信仰は自己の認知フレームとなり，宗教団体に所属することで集団アイデンティティを獲得し維持することで自己アイデンティティを防衛していると考察される。すなわち，「信仰有り群」において集団的アイデンティティの形成が自己アイデンティティの保証となっているためといえよう。仮に，その宗教集団との離別

が，何らかの理由で個人にもたらされた場合，改めて自己アイデンティティ・クライシスの到来がなされるケースもあることが推測され得る。

　アイデンティティ確立ステイタスにおける Foreclosure（権威受容・早期完了）として，親の勧めや期待など，他者の決定した基準に沿うかたちで早々と受け入れを選択してしまう状態，すなわち，自らの求めや，葛藤や苦悩の末の信仰の選択ではなく，換言すれば，本当の自分の強い希望や決断に向き合っていない分，不一致による将来の不全感が残りやすいアイデンティティ状態に在ることを意味している。

　その一方，「信仰無し群」においては，宗教観尺度「安らぎ・心の拠り所因子」および「守護・見守られ因子」が「アイデンティティ確立因子」に影響を与え，宗教観尺度「排他・強制因子」が適応感尺度「孤立・拒絶感因子」に影響を及ぼしていた。ここから「信仰無し群」の結果が，全体重回帰分析に反映されたものであることが明らかになった。

　主体的に探索的試行や自己投入の結果である宗教観尺度「守護・見守られ因子」のコミットメントがなされていることが，自らの「アイデンティティの確立」に影響を与えると考察することができる。

　すなわち，青年期は，それまでに無条件に受け入れてきた信条や儀礼慣習を再構築し，自分のものとして獲得しなおしていく発達段階にある。アイデンティティ確立に至るまでの危機を自ら乗り越えるために宗教集団に属していない「信仰無し群」は，心の安らぎや，それをもたらす超自然的な存在を認知することを，集団的アイデンティティの取り入れではなく，主体的に自分の中に取り入れることで既成の概念を再構築し，自らのアイデンティティ確立への一助としていることが明らかになったといえよう。

▌2-5. 今後の課題　宗教観の構造と適応

　宗教観の因子分析結果より，信仰なし群において「安らぎ・心の拠り所」「守護・見守られ因子」が「アイデンティティ確立因子」に影響を与え，宗教観尺

度「排他・強制因子」が適応感尺度「孤立・拒絶感因子」に影響を及ぼしていた。

　宗教観の適応支援に関するポジティブな影響を与えているのは，項目内容的に考察すれば，宗教観の個人的認知的側面を表す「安らぎ・心の拠り所」「守護・見守られ因子」であり，ネガティブな影響を与えているのは宗教観の集団的組織的側面を表す「排他・強制因子」である。

　日本において，宗教観と適応を論じる時，宗教は信仰していないが，初詣や，墓参り，神仏の存在，宗教は心を癒すなどの，一見矛盾していることが特徴として指摘されている。これは，宗教観における集団の組織的側面に対する「信仰のために，他に迷惑をかけても気づかなくなる」「宗教には排他性や他への攻撃性，差別がみられる」が，「宗教は信仰していない」「宗教は怪しい」などのネガティブな行動や意識と関連し，個人的認知的側面に対する「信仰心は心の拠り所や生きがいとなる」「宗教は，人の手に余る悲しみを和らげ，救いとなる」「信仰心を持つことで安らぎや幸せを感じることがある。」や，「守護霊，守護神に守られていると思う」「神や仏は存在する」「いつも，神や仏に見守られていると思う」がポジティブな行動に関連していることで説明が可能となる。

　今後の課題として，適応支援のためには，宗教の個人的認知的側面に関するさらなる詳細な分析が必要となることが明らかとなった。

第3章　スピリチュアリティ的認知（信念）と青年期適応

―Subjective Well-Being（主観的幸福感）および対人ストレスコーピングにおける因子相関―

　本章では，宗教観と青年期適応に関するエビデンスに基づいた実証的研究の一環として，宗教観を構成する個人的認知的変数であるスピリチュアリティ的認知（信念）が，心の健康の変数である Subjective Well-Being（主観的幸福感），およびストレッサーに対する対処行動の変数である対人ストレスコーピングへ与える影響を，質問紙調査による因子間相関分析によって明らかにしていく。

　質問紙はフェイスシート，スピリチュアリティ的認知（信念）尺度，Subjective Well-Being（主観的幸福感）尺度，対人ストレスコーピング尺度，により構成されている。質問紙配布・即時回収。因子分析を各尺度に対し実施し，各因子を抽出し，その後，各因子間における影響を測るために重回帰分析を行った。

　その結果，スピリチュアリティ的認知（信念）「人生の意味因子」が，Subjective Well-Being（主観的幸福感）「自己信頼感因子」「幸福感因子」に影響を与えることが明らかになった。項目からは，「人生を振り返ってみると，さまざまな経験が結局は役に立っていることがわかる。良いことも不都合なことも，単なる偶然ではなく，何かの意味や必要性があって起こっているのである。」などの認知が，「ものごとが思ったように進まない場合でも，その状況に適切に対処できると思う」等の自己信頼感，および「過去と比較して，今の生活は幸せである。」などの幸福感に正の影響を及ぼしていた。

　また，スピリチュアリティ的認知（信念）「人生の意味因子」「神の守護因子」「因果応報因子」が，対人ストレスコーピング行動としての「リフレーミング型コーピング因子」に影響を与えていることが明らかになった。項目から，「一日一日を懸命に生きていれば，自分の果たすべき役割をきちんと果たしていれば，必ず，神様の守護が得られる。人生をよりよい道へと導いてくれるものな

のである」「人の行動は，良いことも悪いことも最終的にはその人に戻ってくる，他人を不幸にするような行為をすれば，今度は必ず自分が不運や不幸に見舞われることになる」などの認知が，「人間として成長した」「この経験で何かを学んだ」「社会勉強だと思った」など，ストレスフルな事態を，自らに意味のあるものに再構成し，次に資する適応力を高めることに正の影響を及ぼしていることが明らかになった。

3-1. 宗教観スピリチュアリティ的認知と主観的幸福感および対人ストレスコーピング

3-1-1. 現代の宗教観

　現代の日本において「信仰を持っている」人口は，極めて少ない。國學院大學日本文化研究所による学生宗教意識調査によれば「現在，信仰を持っている」と答えた学生は，非宗教系で7.7％，宗教系学生を含めても10.2％であった。また「宗教は危ないと考えるか」について，「そう思う」「どちらかといえばそう思う」との回答は60％以上であった（井上，2018）。実際に宗教集団や宗教団体への所属度は低く，青年では1割にも満たないといわれている（石井，2007）現状は過去10年以上，変動していない。宗教集団を「礼拝や伝道活動といった宗教活動を行う集団のことで，かつ教義・儀礼行事・信者・施設の4つの要件を満たしたもののこと」，宗教団体を，「宗教集団の内部に地位や役割の分化が生じ，地位の体系が作り出されて組織化したもののこと」（石井，2007）との定義を用いるならば，日本の現状は，その範疇から大いに外れることとなる。

　一方，同調査において「宗教に関心がある」と答える学生は，70～80％にのぼり，「神の存在」「仏の存在」「霊魂の存在」「先祖様に守られている」「死後の世界の存在」については，過半数の者が「ありうると思う」と答えている。さらに，「宗教は人間に必要と思うか」「宗教を信じると心のよりどころができるか」のような宗教に対するポジティブな認知も，回答者の過半数が肯定的選択（井上，2018）をしているのである。このような傾向は過去10年間変わって

42

いない。

　今日，パワースポット，聖地巡礼，御朱印帳などの行動にあらわれているように一般的関心には極めて高いものがある。日常の生活ルーティンにおいて宗教に起因する行事への参加行動は常態化しており，神社，仏閣，教会などで心が癒され，満足感や，幸福感を得たり，日常でストレスが生じる事態が起きた時に，それを解消するための行動（ストレスコーピング）を適応的に変化させることなど，その宗教に関連する行事参加が社会適応上有効なものとなっている。

3-1-2. 宗教観の集団的組織的側面と個人的認知的側面

　宗教に関連する行事参加を，社会的適応行動に成らしめる理由は何であろうか。金児（1997）は，「こころの深層に加護観念と霊魂観念が隠れていて，当人もそれを宗教だとは通常意識しない宗教性を持っている。加護観念とは，年中行事としての軽い宗教との結びつきに親しみを感じ，自然に対しても神仏のように謹んだ気持ちをもった宗教性のことである。霊魂観念とは霊的存在への信仰や死者への畏怖の感情，あるいは願い事を叶えてくれたり，たたりや罰を与えてくれたりするような人知を超えた存在に対する畏怖の念，あるいは輪廻転生を信じることなど，そうした観念が合わさったもののことである。この2つの観念は日本人が脈々と受け継いできた宗教観といえる」と説明をしている。この宗教的関係性や，その程度を表現する概念としての「宗教性」は，「個人における宗教への関わり」を意味し，「宗教観」は「宗教に対する考え方」「宗教に関する認知スタイル」と，ここで定義する。

　宗教観の認知的枠組み如何によってその後の人間行動が規定される。初詣，墓参り，クリスマスなどの日常行動化の要因は，社会適応と宗教観と関連性が実証されることにより，その因果関係が明らかとなっていくのである（山﨑，2017）。

　山﨑は2017年に，現代青年の「宗教観」すなわち「宗教に対する考え方」「宗教に関する認知スタイル」の構造を明らかにするために，宗教観尺度（谷，2007）[1]を用いて調査を実施した。その結果，「宗教観」の構造として「F1：安

らぎ・心の拠り所因子」「F2：排他・強制因子」「F3：守護・見守られ因子」
の３因子が抽出された。「F1：安らぎ・心の拠り所因子」は，「信仰心は，心
の拠り所や生きがいとなる」「宗教は，人の手に余る悲しみを和らげ，救いと
なる」などから構成される。「F2：排他・強制因子」は，「信仰のために，他
に迷惑をかけても気づかなくなる」「宗教により思想が偏り，物事を客観的，
科学的，論理的に見ることができなくなる」「宗教には排他性や他への攻撃性，
差別がみられる」などから構成される。「F3：守護・見守られ因子」は，「守
護霊，守護神に守られていると思う」「神や仏は存在する」「いつも，神や仏に
見守られていると思う」などから構成される。内容的には，「F1：安らぎ・心
の拠り所因子」「F2：排他・強制因子」は，社会的集団的な宗教に関する客観
的要素や側面を表している。すなわち「F1：安らぎ・心の拠り所因子」は，
社会的集団的にポジティブな要素や側面を，「F2：排他・強制因子」は，社会
的集団的にネガティブな要素や側面を構造として明示しているのである。一方，
「F3：守護・見守られ因子」は，個人的認知的信念などの主観的要素や側面を
構造として示していることが明らかとなった。

　宗教に関する意識調査で，日本における宗教軽視の風潮，宗教そのものへの
警戒，宗教や宗教性を感じさせるものに対する慎重さ，否定的拒否的反応など
は，宗教集団や組織の活動に対する傾向が強く，それは「F2：排他・強制因
子」の項目内容を検討することから明らかである。ここで，現在は，その集団
的・組織的な客観的である側面ではなく，個人的な主観的である認知的信念と
して「F3：守護・見守られ因子」が，広く受容されていることが明らかとなっ
た。特に宗教を「信仰していない群」において，「F3：守護・見守られ因子」
が，青年期の適応感やアイデンティティ確立に影響していることが示されてい
る（山﨑，2017）。

　すなわち，明らかになった宗教観３因子のうち個人的な主観的である認知的

1）高木英明・吉田富二雄・森美奈子（1987）らは，「現代大学生の宗教意識（1）宗教観尺度の作成」
　日本心理学会第51回大会発表において，心理学的側面による多変量解析により宗教観尺度を作成
　している。その後改変が時代変化とともに行われ，谷（2007）によって用いられた尺度を採用した。
　なお，作成から十数年経過しているため，構造分析による項目精選を本章にて実施した。

信念のあり方が，神社，仏閣，教会などで心が癒され，満足感や幸福感を得る，日常のストレス事態が起きた時に，それを解消するための行動（ストレスコーピング）を適応的に変化させることなど，その宗教に関連する行事参加を社会適応上有効なものとしているのである。

3-1-3. 宗教観の個人的認知的側面とスピリチュアリティ的認知（信念）

宗教観には集団的組織的側面と個人的認知的側面の両方の構造が含まれていることはすでに述べた。適応に影響を与える主観的であり個人的な認知的信念の構造を抽出するために「スピリチュアリティ的認知（信念）」を取り上げていきたい。

宗教観とスピリチュアリティの関係性については，「スピリチュアリティという語は，従来の宗教という言葉が持つ組織や制度という側面とは切り離したところで，個人の体験として存在するある種の宗教的意識に重点が置かれている」（安藤，2007）として，宗教感から組織制度を切り離した個人的な位置づけであるとしている。また，スピリチュアリティは，「宗教の核心部分にあたるが，組織宗教では形骸化したり，表現が抑制されたりする性質をもつ」（堀江，2007）。すなわち宗教とスピリチュアリティはコアな部分では同一であるが，スピリチュアリティは宗教から組織や制度という側面を切り離した，個人的側面であるとしている。弓山（2010）は，「スピリチュアリティは教義・儀礼・組織を備えた教団宗教から離れた非制度的かつ個人的な宗教意識のこと」と定義している。

本章では，宗教観の個人的認知的側面の構造を抽出していく目的で「スピリチュアリティ的認知（信念）」を鍵概念とした。

スピリチュアリティの定義は多様である。例示すれば，「危機で喪失しかけた自己を保持，回復，成長，確立しようとし，かつ，受け入れるしか仕方がない自己の状況を受け入れる際の意味付けにしようとする」のがスピリチュアリティである（窪寺，1997），「人間に本来的に備わった生の意味や目的を求める無意識的欲求やその自覚を言い表す言葉」である（安藤，2007）など，すなわち，

危機的な状態のとき，不安定な状態のとき，自失状態のときなど，自らの存在の意味や，生きる意味，新たなる視点を探求し，腑に落ちることで，新たな活力を得ていこうとするためのエビデンスへの希求機能であるとするもの。また，スピリチュアリティの構造を分析し，「霊性（宗教性）：宗教がその役割を担っていたスピリチュアリティな次元の領域」「霊性（全人格性）：身体的心理的社会的，そして，スピリチュアリティな領域全てを含んだ全人格性」「霊性（実存性）：人生の意味，生きる意思，信念・信仰であり，主体的・主観的な自覚に関わる事柄」「霊性（大いなる受動性）：スピリチュアリティを絶対的な受動性として理解し，何らかの聖なるものに触れて生かされているという実感」(西平，2007)は，4つの因子がスピリチュアリティに関わっているとしている。

　またエルキンス(David N. Elkins)らは，臨床心理学の立場から，スピリチュアリティの定義を，「超越的次元の存在を自覚することにより生じる存在・経験様式のひとつである。それは自己，他者，自然，生命，至高の存在と考える何かに関する一定の判別可能な価値観によって特徴づけられる」「魂を養い，霊的側面を発達させるプロセスおよびその結果」と定義し，次の4仮説を挙げている(Elkins et al., 1988)。

「人間の経験の中にはスピリチュアリティとしか呼びようのない次元がある。」
「スピリチュアリティは人間的現象であり，潜在的には誰にでも起こりうる。」
「スピリチュアリティは宗教と同じではない。」
「スピリチュアリティを定義し，それを評価する測定方法がある。」

さらに，スピリチュアリティの9因子構造なる測定尺度を開発した。

F1：超越的次元の存在（超越的次元，「見えない世界」の存在を信じ，繋がることで力を得ている認知。）
F2：人生の意味と目的（人生には意味があり，存在には目的があるとの認知）
F3：人生における使命（生への責任，天命，果たすべき使命があるとの認知）

F4：生命の神聖さ（生命は神聖であるとの認知，畏怖の念）

F5：物質的価値（金銭や財産は，最大の満足ではないとの認知）

F6：愛他主義（誰もが同じ人間であると思う他人に対する愛他的感情）

F7：理想主義（高い理想を持ち，その実現のために努力する行動）

F8：悲劇の自覚（人間存在の悲劇的現実（苦痛，災害，病気，死など）の認知。逆に，生きる喜び，感謝，価値の認知）

F9：スピリチュアリティ的効果（スピリチュアリティは生活の中に結実するもので，自己，他者，自然，生命，何かしら至高なる存在等とその個人との関係に影響を与えるとの認知）

　これらのスピリチュアリティ構造は，いわゆる宗教的活動としてではなく，日常的生活に潜在的な影響を与えるものであるとしている。

　少なくとも，スピリチュアリティに関するさまざまな研究において一致している点は「スピリチュアリティは人間存在に意味を与える根源的領域であり，スピリチュアリティが生きる意味や人生に意味を見いだす根拠となるものである」（藤井，2010）ことであるとすれば，スピリチュアリティ研究は極めて重要な概念であるといえよう。

　よって本章においては，宗教観構造の一つである個人的認知的変数と内容的に一致し，宗教の核心的部分としての「スピリチュアリティ的認知（信念）」について，分析を行っていく。

3-1-4. スピリチュアリティ的認知（信念）の認知的枠組み

　個人の信念や価値観に基づく行動選択は，自らセルフモニタリングされた結果であるか否かにより，その後の行動展開に大きな影響を与える。自己内に形成されている認知的枠組みと，環境との間に存在するモニタリング認知の存在が人間の適応に大きく関わっている（山﨑，2014）。

　個人の認知的枠組みに対して社会的文化的環境は，大きな影響を与えており，自ら育った文化によりそれは大きく異なる。キリスト教文化圏，イスラム教文

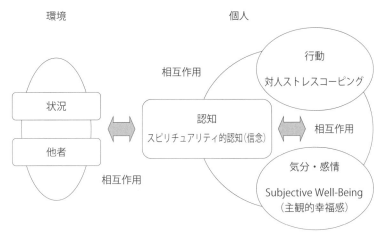

Figure12　スピリチュアリティ的信念等認知行動的セルフモニタリング構造図

出典：山﨑（2018）

化圏，仏教文化圏など，各文化圏における認知的枠組みは，その文化圏で生きる人々の行動を大きく規定している。

　特に現代の日本においては，個人的主観的な「スピリチュアリティ的認知」，あるいは認知を意味する同義の「belief：信念」としての「スピリチュアリティ的認知（信念）」が，宗教に関する影響を与えていることは先に述べた。特に日本における青年期の自己と，その自己を取り囲む社会的イベント，適応に関する結果としてアウトプットされる行動の間に介在するスピリチュアリティ的認知（信念）[2]の意味についての認知行動的相関関係をエビデンスに基づいて明らかにした研究は少ない。

　よって本章においては，「認知・信念」の尺度として「スピリチュアリティ的認知（信念）」と適応に関する調査を実施し，多変量解析を用いた分析を行い，その構造を明確にし，認知行動的セルフモニタリングにおける「スピリチュアリティ的認知（信念）」の影響を明確化するために，適応の指標としての「気分・

2）「認知」と「belief：信念」は，認知行動療法の枠組みにおいて，ベックが「認知」，エリスが「belief：信念」と表現するものは基本的に内容が同一として扱われることが多く，本書では「スピリチュアリティ的認知（信念）」と記述した。

感情」の尺度である「Subjective Well-Being（主体的幸福感）」と「行動」の尺度である「対人ストレスコーピング」の関連について実証していく（**Figure12**）。

3-1-5. Subjective Well-Being（主観的幸福感）とスピリチュアリティ的認知（信念）

　社会に生き生きと健康的に適応している状態を意味している「肉体的，精神的，社会的に調和のとれたよい状態（Social Well-Being）」は，世界保健機関（WHO）による健康の定義である。原文は「Health is a state of complete physical, mental and social well-being and not merely the absence of disease or infirmity.」(1948)である。

　またこの定義について，1998年に「Health is a **dynamic** state of complete physical, mental, **spiritual** and social well-being and not merely the absence of disease or infirmity.」へ変更する新しい提案がなされた。「dynamic」と「spiritual」の単語を付加することが提案されたのである。それは静的に固定したものではなく，力動的であり，人間の尊厳や生きる意味の重要さを強調するための提案であった。しかし，その変更は，WHO総会において，とりあえず，緊急性はないとのことで，前者がそのまま現在も用いられるに至っている。

　WHO憲章のその前文における「mental and social well-being」が定義されて以来，多くの議論がなされ，その後の研究では，人間のネガティブな側面のみに注目するのではなくポジティブな側面も評価すべきとされることとなった。適応を考える場合，客観的な側面だけではなく，個人的主観的な側面を測定することが重視されるようになったのである。「Social Well-Being」を考える場合，社会的客観的な適応のみではなく，個人の主観的認知的心理的側面を重視する「Subjective Well-Being（主観的幸福感）」の研究が生まれてくるきっかけとなった。

　「Subjective Well-Being（主観的幸福感）」は，個人の感情状態を含み，家族・仕事など特定の領域に対する満足や人生全般に対する満足を含む広範的な概念である（Diener, Suh, Lucas, & Smith, 1999）。日本においても，スピリチュアリティと同様，青年期以降のすべての発達段階で主観的幸福感研究が着手され始めた（伊藤，2003）。また，具志堅（2011）は，スピリチュアリティ的認知（信念）

と，精神的健康との間に正の関連があることを示唆している。

本章では，スピリチュアリティ的認知（信念）が与える影響を検討する主観的適応的変数として，この「Subjective Well-Being（主観的幸福感）」を取り上げて検討していく。

3-1-6. 対人ストレスコーピングとスピリチュアリティ的認知（信念）

社会生活を送る場合，さまざまなストレスを感じる出来事がある。特に，社会生活を構成するのは人間であり，いうなれば，対人関係におけるストレスが，日常の適応感に大きく影響を及ぼしているといえよう。対人関係において生じたストレスに対して，どのような対処行動（対人ストレスコーピング）を選択していくか，ストレスフルな出来事にどのような適応的行動で乗り切っていくのか，その適応的行動の選択は，個人の主観的認知に大きく依存している。

対人ストレスコーピングの構造は，積極的にその対人関係を改善しようとし，よりよい関係を築こうと努力する「ポジティブ関係コーピング：相手のことをよく知ろうとした，積極的にかかわろうとした，他」，対人関係を放棄・崩壊するような行動をとる「ネガティブ関係コーピング：話をしないようにした，かかわり合わないようにした，他」，問題を一時的に棚上げするかなかったものとする「解決先送りコーピング：自然の成り行きにまかせた，そのことにこだわらないようにした，他」の３分類される構造であると加藤（2000，2003）は分析している。

ストレスを低減させ適応を促進させる視点からは，「他者に好意的な印象を与え良好的な関係を築くこと」が重要で，そのような行動を選択することにより自らのストレス反応を低下させることができる（加藤，2002）。逆に，ネガティブ関係コーピングによる，他者への攻撃性は，他者からの悪意や軽視など猜疑心や不信感につながることがわかっており，さらなるストレスが増幅していくのである。

認知行動的セルフモニタリング構造（山﨑，2014）において，認知・信念が行動・感情などに影響を与えることが明らかになっている。対人ストレスコーピ

ング行動の適切な選択により適応を促進していくために影響を与える，すなわち，スピリチュアリティ的認知（信念）が与える影響を検討する行動変数として，「対人ストレスコーピング」を取り上げて検討していく。

3-2. 宗教観スピリチュアリティ的認知の影響の検討

認知行動的セルフモニタリング構造（山﨑，2014）において，認知・信念が行動・感情などに影響を与えることが明らかになっている。

宗教観構造の因子として「個人的認知的側面」と項目内容的に一致する「スピリチュアリティ的認知（信念）」を「認知・信念」の鍵概念として分析を行う。

本章の目的は，3つある。

第1に，宗教観構造の因子として「個人的認知的側面」と項目内容的に一致する「スピリチュアリティ的認知（信念）」の因子構造を，質問紙調査を実施し，因子分析により明らかにしていく。

第2に，認知行動的セルフモニタリングにおける「スピリチュアリティ的認知（信念）」が，適応の指標としての「心の健康」「気分・感情」「認知」の尺度である「Subjective Well-Being（主体的幸福感）」との関連について重回帰分析により実証していく。

第3に，認知行動的セルフモニタリングにおける「スピリチュアリティ的認知（信念）」が，適応の指標としての「行動」「認知」の尺度である「対人ストレスコーピング」との関連について重回帰分析により実証していく。

WHO により宗教観・宗教性・スピリチュアリティの重要性が提唱され，社会適応や精神的健康との関連が検討されながらも，日本においては実証的研究の数は多くない。また，スピリチュアリティ概念の研究は行われているが，スピリチュアリティ的認知（信念）と日常行動や適応的変数との関連をエビデンスに基づいて明示している研究は少ない。本章では，スピリチュアリティ的認知（信念）が「Subjective Well-Being（主体的幸福感）」と「対人ストレスコーピング」行動の選択に及ぼす影響を検討することである。

3-3. 宗教観スピリチュアリティ的認知が主観的幸福感および対人ストレスコーピングに与える影響の実態調査

3-3-1. 質問紙調査法

　集団調査法。授業終了後，質問紙を配布。無記名，記入終了後即時回収。

　倫理的配慮として，配布時，調査対象者に対し「調査への参加は強制されるものではない」「回答するかどうかは自らの意思で自由に決めることができる」「答えたくない質問があればとばしてもよい」「途中でやめたくなった場合は，すぐにやめてよい」「いかなる不利益も生じない」「回答は研究以外では用いられない」「統計的に処理され，個人に関するプライバシー管理は徹底される」「回答済み用紙は研究終了後，研究者が責任をもって破棄する」「本章についての問い合わせ先」などを提示したのち実施した。質問紙への回答をもって了解を得たものとした。

3-3-2. 質問紙の構成

　質問紙の構成を，以下に示す。

① 「フェイスシート」では年齢と性別の記述を求めた。

② 「(短縮版)スピリチュアティ的信念尺度」26項目5件法

　具志堅により2011年に作成された「(短縮版)スピリチュアリティ的信念尺度」を用いた。これは，2010年に発表された具志堅「スピリチュアリティ的信念尺度」の項目数を整理し，平均文字数を約123文字から64文字に短縮し，項目数も意味がわかりにくいものを除外し，32項目から26項目へ適正化がなされたものである。

　本尺度は，宗教観第3因子(山﨑，2017)項目内容との整合性が高く，その項目構造がより具体化されており，かつ尺度構成における内容妥当性，信頼性が高い。作成時期も2013年であり，より今日的な構造が分有されている。具体的には，今日の日本における素朴な宗教的行動を把握する目的で，「素朴なス

ピリチュアリティ的信念」尺度を構成し，下位尺度として，「人生の意味：人生で直面する出来事は単なる偶然によって生じるのではなく，何らかの意味や必然性があって生じる」「輪廻：前世と来世が存在する」「神の守護：人は神様によって護られている」「因果応報：人の行動は，良いことも悪いことも最終的にはその人に戻ってくる」「魂の永続性：死後も魂は存在し続ける」「心象の現実化：人が心で思ったことは，実際の出来事として現実化する」を設定し，精神的健康と深く関わっている（具志堅，2009・2011）ことも明らかにしている。

　本章では，宗教色の薄い日本において一般の人々が抱いているスピリチュアリティ観へ焦点を当てる。そのため，スピリチュアリティを測定する尺度として，具志堅（2011）の「（短縮版）スピリチュアリティ的信念尺度」を使用する。

　尺度は6カテゴリーによって構成されている。

1）人生の意味：5項目

　　内容：人が人生において直面するさまざまな出来事は，単なる偶然によって生じるのではなく，そこには，何らかの意味や必然性があって生じているのである。

2）輪廻：4項目

　　内容：人の魂は，この世で生まれ変わり，生と死を順番にくり返している存在である。

3）神の守護：4項目

　　内容：人は，神の力によって守られ，生かされている。その威光は，人の人生を良い方向に導くものである。

4）因果応報：4項目

　　内容：自分の行った行為は最終的に，自分にはね返ってくる。良い行いには，良い結果が，悪い行いには悪い結果がもたらされる。

5）魂の永続性4項目

　　内容：人の魂は，死んだ後も存在している。

6）心象の現実化5項目

　　内容：心で念じる強い思いや言葉には，それを叶えていく現実を引き寄

せ作り出す力を持っている。

質問項目記入のための教示文は，次に示す。

「以下の問いで，当てはまるものに○を付けてください。」

「下で紹介するのは，人間や人生のあり方について述べた，さまざまなメッセージです。それぞれについて，あなたの考えをお答えください」

「とても当てはまる」「少し当てはまる」「どちらともいえない」「あまり当てはまらない」「まったく当てはまらない」の5件法にて回答を求めた。

③ 「主観的幸福感尺度」15項目4件法

主観的幸福感（subjective well-being：SWB）をとらえる尺度として，伊藤らが2003年に作成した「主観的幸福感尺度」を用いた。well-being は，心理的健康を表す測度であり，満足感からなる認知的側面とポジティブ・ネガティブ両面を含む感情的側面からとらえる必要性があるという考えから，WHO の開発した心の健康自己評価質問紙（Subjective Well-Being Inventory：SUBI）をもとに作成された尺度である。

また，幸福感の研究をする場合，認知的側面および情緒的側面の両方からとらえることが必要であり，一時的な情緒的幸福感と，ある程度時間的な状況的に一貫した認知の両方を測定する要素を満たすものとして，この尺度を選択した。

尺度は，5カテゴリー15項目によって構成されている。

1）人生に対する前向きな気持ち（満足感）：3項目

「あなたは人生が面白いと思いますか」「過去と比較して，現在の生活は幸せですか」など

2）自信：3項目

「ものごとが思ったように進まない場合でも，あなたはその状況に適切に対処できると思いますか」「危機的な状況（人生を狂わせるようなこと）に出会ったとき，自分が勇気を持ってそれに立ち向かって解決していけるという自信がありますか」など

3）達成感：3項目

「期待通りの生活水準や社会的地位を手に入れたとおもいますか」「これ

までどの程度成功したり出世したと感じていますか」など

4) 人生に対する達成感：3項目

「自分の人生は退屈だとか面白くないと感じていますか」：逆転項目，「将来のことが心配ですか」：逆転項目　など

5) 至福感：3項目

「自分がまわりの環境と一体化していて，欠かせない一部であるという所属感を感じることがありますか」「非常に強い幸福感を感じる瞬間がありますか」など

質問項目記入のための教示文は「以下の問いで，当てはまるものに○を付けてください」とし，4件法にて回答を求めた。

④　対人ストレスコーピング尺度

加藤（2000）の「大学生用対人ストレスコーピング尺度（Interpersonal Stress-Coping Inventory：ISCI）」を使用した。人間関係に起因したストレスを感じる出来事に対する対処の仕方，すなわち対人ストレスコーピングの個人差を測定するものである。

尺度は，3カテゴリー34項目から構成されている。

1) ポジティブ関係コーピング：16項目

内容：人間関係で生じるストレスを感じる出来事に対して，積極的にその関係を改善し，よりよい関係を築こうと努力するコーピング方略。

「積極的にかかわろうとした」「自分の意見を言うようにした」など。

2) ネガティブ関係コーピング：10項目

内容：人間関係を崩壊させたり，放棄したりするようなコーピング方略。

「無視するようにした」「相手の鼻を明かすようなことを考えた」など。

3) 解決先送りコーピング：8項目

内容：人間関係でストレスを感じる出来事を，時間が解決するのを待ったり，問題としてとらえないようなコーピング方略。

「何もせず，自然の成り行きにまかせた」「相手と適度な距離を保つようにした」など。

Table7　調査対象者年齢

	Mean	SD	N	Min	Max
age	19.34	0.671	135	18	21

　質問項目記入のための教示文を，次に示す。

　「以下の質問を読み，対人関係に関するストレスを感じる出来事に遭遇したときの自分に最も当てはまる数字に一つ○をつけてください。」

　「とてもあてはまる」「あてはまる」「少しあてはまる」「あてはまらない」の4件法にて回答を求めた。

3-3-3.　調査期間

　2018年10月。

3-3-4.　調査対象

　都内私立女子大学生185名の質問回答紙回収。回答の不備や欠損値などを検討し，有効回答数135名を分析対象とした。調査対象者年齢等はTable7に示す。

3-4.　宗教観スピリチュアリティ的認知が主観的幸福感および対人ストレスコーピングに与える影響調査結果

3-4-1.　スピリチュアリティ的信念尺度の信頼度と因子分析

　スピリチュアリティ的信念尺度26項目の，「とても当てはまる」5点，「少し当てはまる」4点,「どちらともいえない」3点,「あまり当てはまらない」2点,「まったく当てはまらない」1点と得点化した。

　スピリチュアリティ的信念尺度に関する信頼性分析をCronbachのα係数を用いて行った。その結果，α係数は.85であった。本尺度の内的整合性は保証された。

次に，スピリチュアリティ的信念に関する認知構造を確認するため，各因子間に緩やかな相関が予想され因子分析は，主因子法，Promax 回転を行った。その結果，固有値を配慮し6因子が抽出された。各因子の因子負荷量「.35」以上の項目を検討し，全26項目が6因子に分割された。

　第1因子は「死というのは，魂が体から離れることです。体はなくなっても魂は生き続けます。」「死によって人間の存在が完全に消滅して無になることはありません。体が死んでも魂は存在し続けるのです。」「死ぬということは，体から離れて生きるということなのです。体が死んだとしても，魂が消え去ることはありません。」「人が死ぬとき，死ぬのは体だけです。魂は体から離れ，別の世界へと移っていくのです。」の質問4項目からなり，先行研究との整合性を検討し因子名として「F1：魂の永続性」と命名した。

　第2因子は「人生を振り返ってみると，『さまざまな経験が結局は役に立っている』ことがわかります。良いことも不都合なことも，単なる偶然ではなく，何かの意味や必要性があって起こっているのです。」「人生で直面する出来事は，良いことも，つらいことも，何かの意味や必要性があって生じることです。そこから重要なことを学習し，最終的に人生を向上させるための機会なのです。」「一見，不幸に思える出来事でも，長い目で見れば，それが幸運につながるきっかけだったということがわかります。不幸の中には好運の種が隠されているものなのです。」「人生で起こる出来事や，人との出会いは，あなたが人間として必要なことを学び，成長するために，見えない縁によってやってきます。単なる偶然ではないのです。」「良いことが起こると期待している心には，良いことを引き寄せる力が働きます。幸運につながるチャンスがめぐってくるのです。」「人生の挫折や行きづまりには，そこから学ばなければならない「何か」があるのです。あせらずに，それを受け入れると，最終的にはプラスの結果となって現れます。」「良いことも悪いことも，何かしたことにはいつかどこかで，それに見合った結果が現れます。他人に与えた親切は，思いがけないところで幸運となって戻ってくるものです。」の7項目からなり，先行研究との整合性を検討し因子名として「F2：人生の意味」と命名した。

第3因子は「神様はいつも，あなたのことを見ています。あなたを助け，守ってくれています。」「人として良心に従って，できる限りの努力をする人には，必ず神様の助けが得られます。自分にとって良い方へいくように，守ってくれるのです。」「一日一日を懸命に生きていれば，自分の果たすべき役割をきちんと果たしていれば，必ず，神様の守護が得られます。人生をよりよい道へと導いてくれるものなのです。」「人生でどんなに困難な事態が起こっても，神様の守護を信じ，正しい行いをしている人に，必ず光明がさし，助けが得られます。」の4項目からなり，先行研究との整合性を検討し因子名として「神の守護」と命名した。

　第4因子は，「人の行動は，良いことも悪いことも最終的にはその人に戻ってきます。他人を不幸にするような行為をすれば，今度は必ず自分が不運や不幸に見舞われることになるのです。」「人が行った行為はやがて必ずその人自身にはね返ってきます。人を傷つける行為をすれば，いずれ自分が別の人から傷つけられることになります。」「あなたが他人に与えたのと同じものが，必ずあなたのもとへ戻ってきます。誰にも知られないように親切な行いをすると，それがめぐりめぐって自分のところに戻ってくるのです。」の3項目からなり，先行研究との整合性を検討し因子名として「F4：因果応報」と命名した。

　第5因子は，「前世で人から感謝された行いは，現世での好運となって現れます。前世で人を傷つけた経験は，現世でそのつけを払うことになります。」「現世での人との縁は，前世からつながっているものであり，来世へと続いていくものです。」「神様はいつも，あなたのことを見ています。あなたを助け，守ってくれています。」「人の魂は，前世から現世，そして来世へと，いくつもの人生を経験します。現世はその一つなのです。」の4項目からなり，先行研究との整合性を検討し因子名として「F5：輪廻」と命名した。

　第6因子は，「あなたが心で思ったことは，現実となって現れてくるものです。心の中でイライラした感情をいだいていれば，イライラするような出来事が次々に起こってくるのです。」「積極的に明るいことを考えれば，その思いはかない，幸福を手にすることができます。悪い結果ばかり考え，思い悩んでいると，実

Table8　スピリチュアリティ的信念尺度　因子分析結果

質問項目	I	II	III	IV	V	VI
F1：魂の永続性 (α=.93)						
6　死というのは、魂が体から離れることです。体はなくなっても魂は生き続けます。	.95	−.15	−.01	.07	.00	−.02
26　死によって人間の存在が完全に消滅して無になることはありません。体が死んでも魂は存在し続けるのです。	.94	.05	−.01	−.06	.03	−.01
12　死ぬということは、体から離れて生きるということなのです。体が死んだとしても、魂が消え去ることはありません。	.92	.01	−.09	−.08	.10	.02
18　人が死ぬとき、死ぬのは体だけです。魂は体から離れ、別の世界へと移っていくのです。	.70	−.03	.02	.06	.12	−.09
F2：人生の意味 (α=.85)						
1　人生を振り返ってみると、「さまざまな経験が結局は役に立っている」ことがわかります。良いことも不都合なことも、単なる偶然ではなく、何かの意味や必要性があって起こっているのです。	−.09	.94	−.17	−.06	.06	−.17
15　人生で直面する出来事は、良いことも、つらいことも、何かの意味や必要性があって生じることです。そこから重要なことを学習し、最終的に人生を向上させるための機会なのです。	−.07	.65	.03	.00	−.01	.05
23　一見、不幸に思える出来事でも、長い目で見れば、それが幸運につながるきっかけだったということがわかります。不幸の中には好運の種が隠されているものなのです。	−.06	.59	−.09	.01	.03	.17
21　人生で起こる出来事や、人との出会いは、あなたが人間として必要なことを学び、成長するために、見えない縁によってやってきます。単なる偶然ではないのです。	.07	.58	.23	.04	.05	−.13
25　良いことが起こると期待している心には、良いことを引き寄せる力が働きます。幸運につながるチャンスがめぐってくるのです。	−.01	.55	.18	−.04	.03	.11
7　人生の挫折や行きづまりには、そこから学ばなければならない「何か」があるのです。あせらずに、それを受け入れると、最終的にはプラスの結果となって現れます。	.08	.55	−.06	.09	−.12	.16
24　良いことも悪いことも、何かしたことにはいつかどこかで、それに見合った結果が現れます。他人に与えた親切は、思いがけないところで幸運となって戻ってくるものです。	−.07	.42	.05	.21	−.01	.20
F3：神の守護 (α=.91)						
3　神様はいつも、あなたのことを見ています。あなたを助け、守ってくれています。	.10	−.08	.91	−.03	−.10	−.06
20　人として良心に従って、できる限りの努力をする人には、必ず神様の助けが得られます。自分にとって良い方へいくように、守ってくれるのです。	−.02	.08	.90	−.06	.02	−.07
8　一日一日を懸命に生きていれば、自分の果たすべき役割をきちんと果たしていれば、必ず、神様の守護が得られます。人生をよりよい道へと導いてくれるものなのです。	−.11	−.06	.89	.01	.09	.03
13　人生でどんなに困難な事態が起こっても、神様の守護を信じ、正しい行いをしている人に、必ず光明がさし、助けが得られます。	−.09	−.09	.83	−.01	.13	.07
F4：因果応報 (α=.83)						
17　人の行動は、良いことも悪いことも最終的にはその人に戻ってきます。他人を不幸にするような行為をすれば、今度は必ず自分が不運や不幸に見舞われることになるのです。	−.05	−.01	−.03	.94	.09	.00
11　人が行った行為はやがて必ずその人自身にはね返ってきます。人を傷つける行為をすれば、いずれ自分が別の人から傷つけられることになります。	.01	.01	−.06	.90	.01	.01
2　あなたが他人に与えたのと同じものが、必ずあなたのもとへ戻ってきます。誰にも知られないように親切な行いをすると、それがめぐりめぐって自分のところに戻ってくるのです。	.16	.14	.24	.38	−.19	.01
F5：輪廻 (α=.86)						
19　前世で人から感謝された行いは、現世での好運となって現れます。前世で人を傷つけた経験は、現世でそのつけを払うことになります。	.11	.03	.03	−.03	.73	.01
14　現世での人との縁は、前世からつながっているものであり、来世へと続いていくものです。	.14	.02	.08	−.02	.66	.21
9　神様はいつも、あなたのことを見ています。あなたを助け、守ってくれています。	.25	−.14	.00	.07	.65	.03
4　人の魂は、前世から現世、そして来世へと、いくつもの人生を経験します。現世はその一つなのです。	.16	.22	.09	.07	.46	−.28
F6：心象の現実化 (α=.75)						
10　あなたが心で思ったことは、現実となって現れてくるものです。心の中でイライラした感情をいだいていれば、イライラするような出来事が次々に起こってくるのです。	−.20	−.07	−.08	.07	.16	.83
22　積極的に明るいことを考えれば、その思いはかない、幸福を手にすることができます。悪い結果ばかり考え、思い悩んでいると、実際に不幸な出来事に見舞われるものです。	.19	.14	.07	−.02	−.01	.59
16　「こうなったらやだな」という不安感を強くいだくと、その思いは現実化してしまいます。心で思ったことは、実際の出来事を引き寄せる力があるのです。	.00	.27	.01	−.14	.08	.43
5　人が心で思ったことは、実際の出来事として現実化します。積極的に明るいことを思えば、好運がやってくるのです。	.16	.20	.06	−.01	−.13	.42

因子間相関	I	II	III	IV	V	VI
I		.40	.57	.43	.58	.31
II			.65	.59	.20	.61
III				.54	.53	.43
IV					.25	.44
V						.14

Table9　スピリチュアリティ的信念尺度項目別　*Mean・SD*

	Mean	*SD*	*N*	*Min*	*Max*
F1：魂の永続性					
6　死というのは，魂が体から離れることです。体はなくなっても魂は生き続けます。	2.93	1.21	135	1	5
26　死によって人間の存在が完全に消滅して無になることはありません。体が死んでも魂は存在し続けるのです。	2.68	1.20	135	1	5
12　死ぬということは，体から離れて生きるということなのです。体が死んだとしても，魂が消え去ることはありません。	2.70	1.19	135	1	5
18　人が死ぬとき，死ぬのは体だけです。魂は体から離れ，別の世界へと移っていくのです。	2.56	1.15	135	1	5
F2：人生の意味					
1　人生を振り返ってみると，「さまざまな経験が結局は役に立っている」ことがわかります。良いことも不都合なことも，単なる偶然ではなく，何かの意味や必要性があって起こっているのです。	4.04	1.00	135	1	5
15　人生で直面する出来事は，良いことも，つらいことも，何かの意味や必要性があって生じることです。そこから重要なことを学習し，最終的に人生を向上させるための機会なのです。	3.93	1.01	135	1	5
23　一見，不幸に思える出来事でも，長い目で見れば，それが幸運につながるきっかけだったということがわかります。不幸の中には好運の種が隠されているものなのです。	3.59	1.05	135	1	5
21　人生で起こる出来事や，人との出会いは，あなたが人間として必要なことを学び，成長するために，見えない縁によってやってきます。単なる偶然ではないのです。	3.63	1.11	135	1	5
25　良いことが起こると期待している心には，良いことを引き寄せる力が働きます。幸運につながるチャンスがめぐってくるのです。	3.69	1.00	135	1	5
7　人生の挫折や行きづまりには，そこから学ばなければならない「何か」があるのです。あせらずに，それを受け入れると，最終的にはプラスの結果となって現れます。	3.83	1.01	135	1	5
24　良いことも悪いことも，何かしたことにはいつかどこかで，それに見合った結果が現れます。他人に与えた親切は，思いがけないところで幸運となって戻ってくるものです。	3.88	.94	135	1	5
F3：神の守護					
3　神様はいつも，あなたのことを見ています。あなたを助け，守ってくれています。	3.06	1.24	135	1	5
20　人として良心に従って，できる限りの努力をする人には，必ず神様の助けが得られます。自分にとって良い方へいくように，守ってくれるのです。	3.21	1.17	135	1	5
8　一日一日を懸命に生きていれば，自分の果たすべき役割をきちんと果たしていれば，必ず，神様の守護が得られます。人生をよりよい道へと導いてくれるものなのです。	3.12	1.28	135	1	5
13　人生でどんなに困難な事態が起こっても，神様の守護を信じ，正しい行いをしている人に，必ず光明がさし，助けが得られます。	2.88	1.31	135	1	5
F4：因果応報					
17　人の行動は，良いことも悪いことも最終的にはその人に戻ってきます。他人を不幸にするような行為をすれば，今度は必ず自分が不運や不幸に見舞われることになるのです。	3.98	.93	135	1	5
11　人が行った行為はやがて必ずその人自身にはね返ってきます。人を傷つける行為をすれば，いずれ自分が別の人から傷つけられることになります。	4.13	.93	135	1	5
2　あなたが他人に与えたのと同じものが，必ずあなたのもとへ戻ってきます。誰にも知られないように親切な行いをすると，それがめぐりめぐって自分のところに戻ってくるのです。	3.73	1.06	135	1	5
F5：輪廻					
19　前世で人から感謝された行いは，現世での好運となって現れます。前世で人を傷つけた経験は，現世でそのつけを払うことになります。	2.42	1.10	135	1	5
14　現世での人との縁は，前世からつながっているものであり，来世へと続いていくものです。	2.55	1.15	135	1	5
9　神様はいつも，あなたのことを見ています。あなたを助け，守ってくれています。	2.48	1.22	135	1	5
4　人の魂は，前世から現世，そして来世へと，いくつもの人生を経験します。現世はその一つなのです。	2.91	1.18	135	1	5
F6：心象の現実化					
10　あなたが心で思ったことは，現実となって現れてくるものです。心の中でイライラした感情をいだいていれば，イライラするような出来事が次々に起こってくるのです。	3.67	.99	135	1	5
22　積極的に明るいことを考えれば，その思いはかない，幸福を手にすることができます。悪い結果ばかり考え，思い悩んでいると，実際に不幸な出来事に見まわれるものです。	3.67	.98	135	1	5
16　「こうなったらやだな」という不安感を強くいだくと，その思いは現実化してしまいます。心で思ったことは，実際の出来事を引き寄せる力があるのです。	3.48	.99	135	1	5
5　人が心で思ったことは，実際の出来事として現実化します。積極的に明るいことを思えば，好運がやってくるのです。	3.67	1.01	135	1	5

Table10　スピリチュアリティ的信念尺度下位因子尺度　*Mean・SD*

下位尺度	*Mean*	*SD*	*N*	*Min*	*Max*
F1. 魂の永続性	2.71	1.09	135	1	5
F2. 人生の意味	3.80	.74	135	1	5
F3. 神の守護	3.07	1.11	135	1	5
F4. 因果応報	3.95	.84	135	1	5
F5. 輪廻	2.59	.97	135	1	5
F6. 心象の現実化	3.63	.75	135	1	5

際に不幸な出来事に見まわれるものです。」「『こうなったらやだな』という不安感を強くいだくと，その思いは現実化してしまいます。心で思ったことは，実際の出来事を引き寄せる力があるのです。」「人が心で思ったことは，実際の出来事として現実化します。積極的に明るいことを思えば，好運がやってくるのです。」の4項目からなり，先行研究との整合性を検討し因子名として「F6：心象の現実化」と命名した。

6因子の累積寄与率は68.44％であった。

さらに各因子のCronbachのα係数は，第1因子「魂の永続性」は$\alpha = .93$，第2因子「人生の意味」は$\alpha = .85$，第3因子「神の守護」は$\alpha = .91$，第4因子「因果応報」は$\alpha = .83$，第5因子「輪廻」は$\alpha = .86$，第6因子「心象の現実化」は$\alpha = .75$であった。内的整合性は全下位因子が保たれている。

Table8にスピリチュアリティ的認知（信念）尺度因子分析結果およびその因子間相関，α係数を示した。

Table9にスピリチュアリティ的認知（信念）尺度項目別Mean・SDなどを示した。

Table10にスピリチュアリティ的認知（信念）尺度下位因子尺度のMean・SDなどを示した。

3-4-2. 主観的幸福感尺度の信頼度と因子分析

　主観的幸福感尺度15項目の4件は，「非常に……」「とても……」「ほとんど……」4点，「ある程度……ある」「まあまあ……」「だいたい……」「ときどき……ある」3点，「あまり……ない」「ほとんど……ない」2点，「全く……ない」1点と得点化した。

　主観的幸福感尺度に関する信頼性分析をCronbachのα係数を用いて行った。その結果，α係数は.78であった。よって本尺度の内的整合性は保証された。

　次に，主観的幸福感に関する構造を確認するため，各因子間に緩やかな相関が予想され，因子分析は，主因子法，Promax回転を行った。因子負荷量の小さな1項目を除外し，残りの14項目で再分析を行った。その結果，固有値を配慮し3因子が抽出された。各因子の因子負荷量「.40」以上の項目を検討し，14項目が3因子に分割された。

　第1因子は「ものごとが思ったように進まない場合でも，あなたはその状況に適切に対処できると思いますか」「今の調子でやっていけば，これから起きることにも対応できる自信がありますか」「自分がやろうとしたことはやりとげていますか」「危機的な状況（人生を狂わせるようなこと）に出会ったとき，自分は勇気を持ってそれに立ち向かって解決していけるという自信がありますか」「これまでどの程度成功したり出世したと感じていますか」「将来のことが心配ですか（逆転項目）」の質問6項目からなり，各項目内容を検討し因子名として「F1：自己信頼感」と命名した。

　第2因子は「自分がまわりの環境と一体化して，欠かせない一部であるという所属感を感じることがありますか」「自分の人生には意味がないと感じていますか（逆転項目）」「あなたは人生が面白いと思いますか」「自分が人類という大きな家族の一員だということに喜びを感じることがありますか」「自分の人生は退屈だとか面白くないとか感じていますか（逆転項目）」「非常に強い幸福感を感じることがありますか」の6項目からなり，各項目内容を検討し因子名として「F2：満足感」と命名した。

　第3因子は「ここ数年やってきたことを全体的に見て，あなたはどの程度幸

Table11　主観的幸福感尺度　因子分析結果

質問項目	I	II	III
F1：自己信頼感 ($\alpha=.80$)			
4　ものごとが思ったように進まない場合でも，あなたはその状況に適切に対処できると思いますか。	.86	−.16	−.06
6　今の調子でやっていけば，これから起きることにも対応できる自信がありますか。	.79	−.14	.17
9　自分がやろうとしたことはやりとげていますか。	.53	.20	−.05
5　危機的な状況（人生を狂わせるようなこと）に出会ったとき，自分は勇気を持ってそれに立ち向かって解決していけるという自信がありますか。	.50	.08	−.04
8　これまでどの程度成功したり出世したと感じていますか。	.46	.19	−.01
11　将来のことが心配ですか。	−.44	−.28	.11
F2：満足感 ($\alpha=.70$)			
13　自分がまわりの環境と一体化して，欠かせない一部であるという所属感を感じることがありますか。	.08	.67	−.19
12　自分の人生には意味がないと感じていますか。	−.10	−.67	−.02
1　あなたは人生が面白いと思いますか。	.04	.66	.18
15　自分が人類という大きな家族の一員だということに喜びを感じることがありますか。	−.08	.60	−.05
10　自分の人生は退屈だとか面白くないとか感じていますか。	−.11	−.52	−.20
14　非常に強い幸福感を感じることがありますか。	−.16	.47	.39
F3：幸福感 ($\alpha=.77$)			
3　ここ数年やってきたことを全体的に見て，あなたはどの程度幸せを感じていますか。	.09	−.04	.88
2　過去と比較して，現在の生活は幸せですか。	−.07	−.10	.82

因子間相関	I	II	III
I		.67	.52
II			.68

せを感じていますか」「過去と比較して，現在の生活は幸せですか」の2項目からなり，各項目内容を検討し因子名として「幸福感」と命名した。

3因子の累積寄与率は50.64％であった。

さらに各因子のCronbachのα係数は，第1因子「自己信頼感」は$\alpha=.80$，第2因子「満足感」は$\alpha=.70$，第3因子「幸福感」は$\alpha=.77$であった。内的整合性は全下位因子が保たれている。

一方，先行研究(伊藤，2003)では尺度は，5カテゴリー15項目によって構成されていた。今回抽出された3因子を項目的に検討すると，第1因子「自己

Table12　主観的幸福感尺度項目別　*Mean・SD*

		Mean	SD	N	Min	Max
F1：自己信頼感						
4	ものごとが思ったように進まない場合でも，あなたはその状況に対処できると思いますか。	2.85	.66	135	1	4
6	今の調子でやっていけば，これから起きることにも対応できる自信がありますか。	2.50	.77	135	1	4
9	自分がやろうとしたことはやりとげていますか。	2.82	.72	135	1	4
5	危機的な状況（人生を狂わせるようなこと）に出会ったとき，自分は勇気を持ってそれに立ち向かって解決していけるという自信がありますか。	2.30	.70	135	1	4
8	これまでどの程度成功したり出世したと感じていますか。	2.58	.66	135	1	4
11	将来のことが心配ですか。	1.64	.64	135	1	4
F2：満足感						
13	自分がまわりの環境と一体化して，欠かせない一部であるという所属感を感じることがありますか。	2.26	.71	135	1	4
12	自分の人生には意味がないと感じていますか。	2.87	.86	135	1	4
1	あなたは人生が面白いと思いますか。	2.98	.66	135	1	4
15	自分が人類という大きな家族の一員だということに喜びを感じることがありますか。	2.11	.78	135	1	4
10	自分の人生は退屈だとか面白くないとか感じていますか。	1.33	.99	135	0	4
14	非常に強い幸福感を感じることがありますか。	3.13	.73	135	1	4
F3：幸福感						
3	ここ数年やってきたことを全体的に見て，あなたはどの程度幸せを感じていますか。	3.10	.60	135	2	4
2	過去と比較して，現在の生活は幸せですか。	3.11	.61	135	1	4

Table13　主観的幸福感尺度下位因子尺度　*Mean・SD*

下位尺度	Mean	SD	N	Min	Max
F1. 自己信頼感	2.45	.49	135	1.00	3.50
F2. 満足感	2.45	.49	135	1.33	3.50
F3. 幸福感	3.10	.54	135	2.00	4.00

信頼感」は第2因子「自信」「達成感」の2カテゴリーが一致し，第2因子「満足感」は「人生に対する達成感」「至福感」および，第3因子「幸福感」は「満足感」「至福感」の3カテゴリーに分割充当されている。

　主観的幸福感をとらえるため2つの観点があったことは先に述べた，情緒面と認知面である，一時的な情緒と永続的な認知の両方の視点であった。第1因

子「自己信頼感」と第2因子「満足感」は、「危機的な状況（人生を狂わせるようなこと）に出会ったとき、自分は勇気を持ってそれに立ち向かって解決していけるという自信がありますか」「自分が人類という大きな家族の一員だということに喜びを感じることがありますか」など、その認知面を測定し、第3因子「幸福感」は「過去と比較して、現在の生活は幸せですか」などその情緒面を測定している結果となった。先行研究においても、項目や因子の変動が見られ、内容的整合性を検討した結果、今回の因子分析の結果の3因子を用いて以降の分析を行っていく。

Table11に主観的幸福感尺度因子分析結果およびその因子間相関、α係数を示した。

Table12に主観的幸福感尺度項目別Mean・SDなどを示した。

Table13に主観的幸福感尺度下位因子尺度のMean・SDなどを示した。

3-4-3. 対人ストレスコーピング尺度の信頼度と因子分析

対人ストレスコーピング尺度34項目の4件は、「とてもあてはまる」4点、「あてはまる」3点、「少しあてはまる」2点、「あてはまらない」1点と得点化した。

対人ストレスコーピング尺度に関する信頼性分析をCronbachのα係数を用いて行った。その結果、α係数は.79であった。よって本尺度の内的整合性は保証された。

次に、対人ストレスコーピングの構造を確認するため、各因子間に緩やかな相関が予想され因子分析は、主因子法、Promax回転を行った。因子負荷量の小さい4項目を除外し、残りの30項目で再分析を行った。その結果、固有値を配慮し6因子が抽出された。各因子の因子負荷量「.40」以上の項目を検討し、30項目が6因子に分割された。

第1因子は「積極的に関わろうとした」「積極的に話をするようにした」「自分の存在をアピールした」「たくさんの友人を作ることにした」「あいさつをするようにした」「相手のことをよく知ろうとした」「自分の意見を言うようにし

た」の質問7項目からなり，各項目内容を検討し因子名として「F1：ポジティブ関係コーピング」と命名した。

　第2因子は「人を避けた」「友だち付き合いしないようにした」「一人になった」「話をしないようにした」「かかわり合わないようにした」「無視するようにした」の6項目からなり，各項目内容を検討し因子名として「F2：逃避型コーピング」と命名した。

　第3因子は「そのことにこだわらないようにした」「気にしないようにした」「そのことは忘れるようにした」「なんとかなると思った」「あまり考えないようにした」「こんなものだと割り切った」の6項目からなり，各項目内容を検討し因子名として「忘却型コーピング」と命名した。

　第4因子は「自分のことを見つめ直した」「相手の気持ちになって考えてみた」「相手を受け入れるようにした」「反省した」「相手の良いところを探そうとした」の5項目からなり，各項目内容を検討し因子名として「F4：内省型コーピング」と命名した。

　第5因子は「人間として成長したと思った」「この経験で何かを学んだと思った」「これも社会勉強だと思った」「自分は自分，人は人と思った」の4項目からなり，各項目内容を検討し因子名として「F5：リフレーミング型コーピング」と命名した。

　第6因子は「相手の鼻を明かすようなことを考えた」「相手を悪者にした」の2項目からなり，各項目内容を検討し因子名として「F6：アグレッシブ関係コーピング」と命名した。

　3因子の累積寄与率は52.36％であった。

　さらに各因子のCronbachのα係数は，第1因子「ポジティブ関係コーピング」はα＝.87，第2因子「逃避型コーピング」はα＝.86，第3因子「忘却型コーピング」はα＝.83，第4子「内省型コーピング」はα＝.77，第5因子「リフレーミング型コーピング」はα＝.77，第6因子「アグレッシブ関係コーピング」はα＝.67であった。内的整合性は全下位因子が保たれている。

　一方，先行研究では尺度は，3カテゴリー34項目によって構成されていた。

Table14　対人ストレスコーピング尺度　因子分析結果

質問項目	I	II	III	IV	V	VI
F1：ポジティブ関係コーピング（α=.87）						
18 積極的に関わろうとした	.86	.05	−.10	.04	.01	−.06
30 積極的に話をするようにした	.78	−.06	−.08	−.19	.10	−.06
15 自分の存在をアピールした	.70	.10	.05	.00	.09	.31
8 たくさんの友人を作ることにした	.68	−.19	.05	−.15	.22	.15
7 あいさつをするようにした	.61	.14	.21	.07	−.03	−.07
34 相手のことをよく知ろうとした	.61	.04	.07	.37	−.03	.04
19 自分の意見を言うようにした	.56	.02	.00	.01	.13	−.04
F2：逃避型コーピング（α=.86）						
29 人を避けた	.07	.81	−.04	.01	−.17	.10
12 友だち付き合いしないようにした	.04	.77	.05	.05	−.12	.15
13 一人になった	.00	.77	−.09	.07	−.06	−.16
24 話をしないようにした	−.05	.58	−.03	−.21	.27	.12
16 かかわり合わないようにした	−.30	.57	.12	.06	.27	.08
20 無視するようにした	.25	.49	−.03	−.26	.02	.25
F3：忘却型コーピング（α=.83）						
27 そのことにこだわらないようにした	−.06	−.19	.91	.07	−.09	.11
26 気にしないようにした	−.03	−.18	.90	−.04	−.08	.12
31 そのことは忘れるようにした	.08	.21	.64	−.17	.01	−.05
28 なんとかなると思った	.13	−.14	.60	.01	.10	.09
6 あまり考えないようにした	.07	.24	.53	−.16	−.05	−.23
10 こんなものだと割り切った	−.06	.17	.51	.11	.12	−.14
F4：内省型コーピング（α=.77）						
1 自分のことを見つめ直した	−.26	.07	−.05	.83	.16	.33
4 相手の気持ちになって考えてみた	−.02	−.03	−.04	.76	.02	.08
2 相手を受け入れるようにした	.05	−.04	.09	.64	.16	−.02
9 反省した	.08	−.10	−.12	.61	.09	.08
11 相手の良いところを探そうとした	.41	.07	.01	.54	−.12	−.14
F5：リフレーミング型コーピング（α=.77）						
21 人間として成長したと思った	.28	−.20	−.03	.04	.65	−.02
17 この経験で何かを学んだと思った	.12	.00	−.16	.30	.60	−.15
32 これも社会勉強だと思った	.14	.15	.05	.09	.53	−.10
22 自分は自分，人は人と思った	−.09	.03	.32	.20	.46	−.23
F6：アグレッシブ関係コーピング（α=.67）						
5 相手の鼻を明かすようなことを考えた	.07	.10	.01	.24	−.22	.76
3 相手を悪者にした	−.02	.25	−.01	.05	.01	.61

因子間相関	I	II	III	IV	V	VI
I		−.06	.11	.38	.13	−.14
II			.08	−.12	.28	.30
III				.09	.41	.04
IV					.22	−.39
V						.10

Table15　対人ストレスコーピング尺度項目別　*Mean・SD*

	Mean	SD	N	Min	Max
F1：ポジティブ関係コーピング					
18　積極的に関わろうとした	1.79	.88	135	1	4
30　積極的に話をするようにした	1.74	.84	135	1	4
15　自分の存在をアピールした	1.64	.84	135	1	4
8　たくさんの友人を作ることにした	2.01	1.02	135	1	4
7　あいさつをするようにした	2.06	1.02	134	1	4
34　相手のことをよく知ろうとした	2.15	.94	135	1	4
19　自分の意見を言うようにした	2.04	.95	135	1	4
F2：逃避型コーピング					
29　人を避けた	1.81	.95	134	1	4
12　友だち付き合いしないようにした	1.79	.93	135	1	4
13　一人になった	1.92	.98	135	1	4
24　話をしないようにした	2.04	.96	135	1	4
16　かかわり合わないようにした	2.33	.98	135	1	4
20　無視するようにした	1.64	.82	135	1	4
F3：忘却型コーピング					
27　そのことにこだわらないようにした	2.55	.96	135	1	4
26　気にしないようにした	2.43	.95	134	1	4
31　そのことは忘れるようにした	2.28	.94	134	1	4
28　なんとかなると思った	2.47	.95	135	1	4
6　あまり考えないようにした	2.30	1.09	135	1	4
10　こんなものだと割り切った	2.62	.92	135	1	4
F4：内省型コーピング					
1　自分のことを見つめ直した	2.81	.87	135	1	4
4　相手の気持ちになって考えてみた	2.78	.87	135	1	4
2　相手を受け入れるようにした	2.64	.78	135	1	4
9　反省した	2.77	.94	135	1	4
11　相手の良いところを探そうとした	2.27	.94	135	1	4
F5：リフレーミング型コーピング					
21　人間として成長したと思った	2.21	.90	135	1	4
17　この経験で何かを学んだと思った	2.50	.97	135	1	4
32　これも社会勉強だと思った	2.50	.91	135	1	4
22　自分は自分，人は人と思った	2.82	.95	135	1	4
F6：アグレッシブ関係コーピング					
5　相手の鼻を明かすようなことを考えた	1.75	.84	135	1	4
3　相手を悪者にした	2.13	.89	135	1	4

Table16　対人ストレスコーピング下位因子尺度　*Mean・SD*

下位尺度	*Mean*	*SD*	*N*	*Min*	*Max*
F1：ポジティブ関係コーピング	1.92	.69	134	1	4
F2：逃避型コーピング	1.92	.72	134	1	4
F3：忘却型コーピング	2.44	.71	133	1	4
F4：内省型コーピング	2.63	.66	135	1	4
F5：リフレーミング型コーピング	2.51	.72	135	1	4
F6：アグレッシブ関係コーピング	1.94	.75	135	1	4

今回抽出された6因子を項目的に検討すると，先行研究における第1因子「ポジティブ関係コーピング」は，本章における「ポジティブ関係コーピング」「内省型コーピング」「リフレーミング型コーピング」に，第2因子「ネガティブ関係コーピング」は，「忘却型コーピング」「アグレッシブ関係コーピング」に，第3因子「解決先送りコーピング」は「逃避型コーピング」の6カテゴリーに分割充当されている。

　対人ストレスコーピング尺度は，対人関係を原因としたストレスを感じる出来事に対する個人的なコーピングの差を測定する尺度であることはすでに述べた。その際3因子構造となっているが，第1因子「ポジティブ関係コーピング」を内容的に検討すると，内省することやリフレーミングすることは行動内容であり，その結果が必ずしもポジティブにならない場合がある。また第2因子「ネガティブ関係コーピング」に忘却型の項目が多く含まれており必ずしも否定的行動でないものも少なくない。さらに先行研究には因子負荷量が「.35」以下のものも含まれており，先行研究においても，項目や因子の変動が，見られ，内容的整合性を検討した結果，今回の因子分析の結果の6因子を用いて以降の分析を行っていく。

　Table14に対人ストレスコーピング尺度因子分析結果およびその因子間相関，α係数を示した。

　Table15に対人ストレスコーピング尺度項目別Mean・SDなどを示した。

　Table16に対人ストレスコーピング尺度下位因子尺度のMean・SDなどを

示した。

3-4-4. スピリチュアリティ的認知(信念)が主観的幸福感に及ぼす影響

(1) スピリチュアリティ的認知(信念)尺度5因子と主観的幸福感3因子の相関

「魂の永続性」「輪廻」と「幸福感」,「心象の現実化」と「満足感」を除くすべての因子間に相関および相関傾向がみられた(Table17)。

Table17 スピリチュアリティ的認知(信念),主観的幸福感下位尺度間相関

	F2.人生の意味	F3.神の守護	F4.因果応報	F5.輪廻	F6.心象の現実化	F1.自己信頼感	F2.満足感	F3.幸福感
F1.魂の永続性	.31***	.49***	.40***	.69***	.29***	.18*	.19*	.09
F2.人生の意味		.56***	.60***	.32***	.63***	.50***	.26**	.39***
F3.神の守護			.51***	.59***	.41***	.29***	.27**	.29***
F4.因果応報				.36***	.45***	.30***	.20**	.26**
F5.輪廻					.28***	.22**	.17*	.07
F6.心象の現実化						.37***	−.04	.18*

***$p<.001$, **$p<.01$, *$p<.05$

(2) スピリチュアリティ的認知(信念)が,主観的幸福感へ及ぼす影響

スピリチュアリティ的認知(信念)が,主観的幸福感へ及ぼす影響を明らかにするために,スピリチュアリティ的認知(信念)尺度各下位因子,「魂の永続性」「人生の意味」「神の守護」「因果応報」「輪廻」「心象の現実化」を独立変数,主観的幸福感尺度各下位因子,「自己信頼感」「満足感」「幸福感」を従属変数とする重回帰分析を実施した。

その結果,スピリチュアリティ的認知(信念)「人生の意味」が,主観的幸福感「自己信頼感」「満足感」「幸福感」に正の影響を及ぼしていた(Figure13)。

「人生の意味」を独立変数,「自己信頼感」が従属変数の場合,$R^2=.26$でありモデルは有意であった($F(6,128)=7.63$, $p<.001$)。0.01%水準($\beta=.46$, $p<.001$)で,有意な影響が示された。

「人生の意味」を独立変数,「満足感」が従属変数の場合,$R^2=.18$でありモ

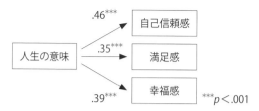

Figure13　スピリチュアリティ的認知（信念）が，主観的幸福感へ及ぼす影響

デルは有意であった（$F(6,128)=4.65$，$p<.001$）。0.01％水準（$\beta=.35$，$p<.001$）で，有意な影響が示された。

　「人生の意味」を独立変数，「幸福感」が従属変数の場合，$R^2=.18$でありモデルは有意であった（$F(6,128)=4.81$，$p<.001$）。0.1％水準（$\beta=.39$　$p<.001$）で，有意な影響が示された。

3-4-5. スピリチュアリティ的認知（信念）が対人ストレスコーピングに及ぼす影響

（1）スピリチュアリティ的認知（信念）尺度5因子と対人ストレスコーピング5因子の相関

　「魂の永続性」と「逃避型コーピング」（$r=-.23$，$p<.01$）/「アグレッシブ型コーピング」（$r=-.18$，$p<.05$），「人生の意味」と「内省型コーピング」（$r=.17$，$p<.05$）/「リフレーミング型コーピング」（$r=.20$，$p<.01$）/「アグレッシブ関係コーピング」（$r=-.15$，$p<.05$），「神の守護」と「内省型コーピング」（$r=.17$，$p<.05$）/「リフレーミング型コーピング」（$r=.21$，$p<.01$）/「アグレッシブ関係コーピング」（$r=-.17$，$p<.05$），「輪廻」と「逃避型コーピング」（$r=-.20$，$p<.05$）/「アグレッシブ関係コーピング」（$r=-.25$，$p<.01$）に相関がみられた（**Table18**）。

Table18 スピリチュアリティ的認知（信念），対人ストレスコーピング下位尺度間相関

	F2.人生の意味	F3.神の守護	F4.因果応報	F5.輪廻	F6.心象の現実化	F1.ポジティブ関係コーピング	F2.逃避型コーピング	F3.忘却型コーピング	F4.内省型コーピング	F5.リフレーミング型コーピング	F6.アグレッシブ関係コーピング
F1. 魂の永続性	.31***	.49***	.40***	.69***	.29***	.10	−.23**	−.02	.12†	−.06	−.18*
F2. 人生の意味		.56***	.60***	.32***	.63***	.08	−.09	−.07	.17*	.20**	−.15*
F3. 神の守護			.51***	.59***	.41***	.13†	−.10	−.10	.17*	.21**	−.17*
F4. 因果応報				.36***	.45***	.12†	−.08	−.09	.04	−.03	−.10
F5. 輪廻					.28***	.14†	−.20*	−.05	.08	.04	−.25**
F6. 心象の現実化						.09	−.03	−.15*	.06	.07	−.13†

***p<.001，**p<.01，*p<.05，†*p*<.1

(2) スピリチュアリティ的認知（信念）が，対人ストレスコーピングへ及ぼす影響

　スピリチュアリティ的認知（信念）が，対人ストレスコーピングへ及ぼす影響を明らかにするために，スピリチュアリティ的認知（信念）尺度各下位因子，「魂の永続性」「人生の意味」「神の守護」「因果応報」「輪廻」「心象の現実化」を独立変数，対人ストレスコーピング尺度各下位因子，「ポジティブ関係コーピング」「逃避型コーピング」「忘却型コーピング」「内省型コーピング」「リフレーミング型コーピング」「アグレッシブ関係コーピング」を従属変数とする重回帰分析を実施した。

　その結果，スピリチュアリティ的認知（信念）「人生の意味」「神の守護」「因

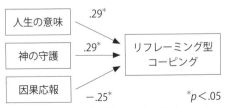

Figure14　スピリチュアリティ的認知（信念）が，対人ストレスコーピングへ及ぼす影響

果応報」が，対人ストレスコーピング「リフレーミング型コーピング」に正の影響を及ぼしていた。$R^2 = .13$ でありモデルは有意であった（$F(6,128) = 3.28$，$p < .01$）（**Figure14**）。

　「人生の意味」を独立変数とし，「リフレーミング型コーピング」が従属変数の場合，0.5％水準（$\beta = .29$，$p < .05$）で，有意な影響が示された。

　「神の守護」を独立変数とし，「リフレーミング型コーピング」が従属変数の場合，0.5％水準（$\beta = .29$，$p < .05$）で，有意な影響が示された。

　「因果応報」を独立変数とし，「リフレーミング型コーピング」が従属変数の場合，0.5％水準（$\beta = -.25$，$p < .05$）で，有意な影響が示された（**Figure14**）。

3-5. 宗教観スピリチュアリティ的認知が主観的幸福感および対人ストレスコーピングに与える影響調査結果の考察

3-5-1. スピリチュアリティ的認知（信念）の構造

　宗教観を構成する因子は，集団的組織的な客観的側面と個人的認知的側面に分けられ，後者の因子が，適応感やアイデンティティ確立の影響を与えている（山﨑，2017）。本調査では，その個人認知的側面をより詳細に測定する尺度としてスピリチュアリティ的認知（信念）尺度（具志堅，2011）を用い，その構造を検討した。

　因子分析の結果，「F1：魂の永続性」「F2：人生の意味」「F3：神の守護」「F4：因果応報」「F5：輪廻」「F6：心象の現実化」の6因子が抽出された。これらの因子項目と，宗教観尺度の因子分析（山﨑，2017）における個人的認知的側面に関する因子「F3：守護・見守られ因子」の項目である「守護霊，守護神に守られていると思う」「人間は，心の修行をし，正しい行為を重ねることで，その使命を全うして霊界に戻り，輪廻転生を繰り返しながら高次の段階に進む」「神や仏は存在する」などの内容と比較検討すると，さらなる詳細な項目内容としてあらわされていることがわかる。スピリチュアリティ的認知（信念）尺度

の6因子構造により，宗教観の個人的認知的側面を表す鍵概念尺度として用いていくことの根拠を得ることとなった。

3-5-2. スピリチュアリティ的認知（信念）と Subjective Well-Being（主観的幸福感）の関連

（1）Subjective Well-Being（主観的幸福感）の因子構造

適応の指標としての「心の健康」「気分・感情」「認知」の尺度である「Subjective Well-Being（主体的幸福感）」尺度の構造を検討した。因子分析の結果「F1：自己信頼感」「F2：満足感」「F3：幸福感」の3因子が抽出された。Subjective Well-Being（主観的幸福感）に関して，認知的側面と情緒的側面との両面でとらえることは重要である。「F1：自己信頼感」は，認知的側面，「F2：満足感」は情緒的側面，「F3：幸福感」も情緒的側面に関する項目から構成されている。先行研究（伊藤，2003）で5因子構造であったが，項目内容を検討した結果，3因子構造に収束することができた。

（2）スピリチュアリティ的認知（信念）による Subjective Well-Being（主観的幸福感）への影響

重回帰分析による，スピリチュアリティ的認知（信念）因子が Subjective Well-Being（主観的幸福感）因子に及ぼす影響を分析した。その結果，スピリチュアリティ的認知（信念）「F2：人生の意味」が Subjective Well-Being（主観的幸福感）「F1：自己信頼感」「F2：満足感」「F3：幸福感」のすべてに影響を及ぼしていることが明らかになった。

「F2：人生の意味」の項目「人生で起こる出来事や，人との出会いは，あなたが人間として必要なことを学び，成長するために，見えない縁によってやってきます。単なる偶然ではないのです。」「人生の挫折や行きづまりには，そこから学ばなければならない何かがあるのです。あせらずに，それを受け入れると，最終的にはプラスの結果となって現れます。」など，生きる意味に関するポジティブな探究と，「見えない縁」のような超自然的なものへの認知や存在

を意識することが，「F1：自己信頼感」の項目「ものごとが思ったように進まない場合でも，あなたはその状況に適切に対処できると思う」「危機的な状況（人生を狂わせるようなこと）に出会ったとき，自分は勇気を持ってそれに立ち向かって解決していけるという自信がある」など，また，「F2：満足感」の項目「自分がまわりの環境と一体化して，欠かせない一部であるという所属感を感じる」「人生が面白いと思う」「自分が人類という大きな家族の一員だということに喜びを感じることがある」などの Subjective Well-Being（主観的幸福感）の認知的側面に影響を及ぼし，同時に，「F3：幸福感」の項目「ここ数年やってきたことを全体的に見て，あなたはどの程度幸せを感じる」「過去と比較して，現在の生活は幸せである」など，Subjective Well-Being（主観的幸福感）の情緒的側面に影響を及ぼしていることが明らかとなった。しかし，それぞれ重相関係数 $R^2 = .26$, $R^2 = .18$, $R^2 = .18$ であり，スピリチュアリティ的認知（信念）「F2：人生の意味」の，Subjective Well-Being（主観的幸福感）「F1：自己信頼感」「F2：満足感」「F3：幸福感」への影響のすべてを説明するものではないことがわかる。言うなれば，「F2：人生の意味」は，「F1：自己信頼感」「F2：満足感」「F3：幸福感」へ影響を及ぼす一要素となることが示唆されたとすることが妥当である。

3-5-3. スピリチュアリティ的認知（信念）と対人的ストレスコーピングの関連
（1）対人的ストレスコーピングの因子構造

　まず，適応の指標としての「行動」「認知」の尺度である「対人ストレスコーピング」と尺度の構造を検討した。「F1：ポジティブ関係コーピング」「F2：逃避型コーピング」「F3：忘却型コーピング」「F4：内省型コーピング」「F5：リフレーミング型コーピング」「F6：アグレッシブ関係コーピング」の6因子が抽出された。先行研究（加藤，2000）は3因子構造であったが，先行研究において因子負荷量.35以下の項目などが複数含まれていたために項目の精選，および内容的妥当性などの吟味を行った結果，6因子構造に収束することができた。

(2) スピリチュアリティ的認知（信念）による対人的ストレスコーピングへの
　　影響

　重回帰分析による，スピリチュアリティ的認知（信念）因子が対人的ストレスコーピング因子に及ぼす影響を分析した。その結果，対人的ストレスコーピング「F2：人生の意味」「F3：神の守護」「F4：因果応報」が対人的ストレスコーピング「F5：リフレーミング型コーピング」に影響を及ぼしていることが明らかになった。

　「F2：人生の意味」は，生きる意味に関するポジティブな探究と，「見えない縁」のような超自然的なものへの認知や存在を意識すること，「F3：神の守護」の項目「人として良心に従って，できる限りの努力をする人には，必ず神様の助けが得られます。自分にとって良い方へいくように，守ってくれるのです。」「人生でどんなに困難な事態が起こっても，神様の守護を信じ，正しい行いをしている人に，必ず光明がさし，助けが得られます。」など，超越した存在によって常に見守られているように思うこと，「F4：因果応報」の項目「他人に与えたのと同じものが，必ず自分へ戻ってきます。誰にも知られないように親切な行いをすると，それがめぐりめぐって自分のところに戻ってくる。」など，善い行いには善い結果が得られ，悪しき行いには悪しき結果が与えられると思うことなどが，「F5：リフレーミング型コーピング」の項目「人間として成長したと思った」「この経験で何かを学んだと思った」「これも社会勉強だと思った」など，ストレス事態を，ネガティブな経験と捉えずに自らの成長や学習として再構成し，適応的行動を選択する対人ストレスコーピングに影響を及ぼしていることが明らかとなった。しかし，それぞれ重相関係数 $R^2 = .01$ であり，スピリチュアリティ的認知（信念）「F2：人生の意味」「F3：神の守護」「F4：因果応報」の，対人的ストレスコーピング「F5：リフレーミング型コーピング」へ影響を十分に説明するものではないことがわかる。言うならば，「F2：人生の意味」「F3：神の守護」「F4：因果応報」は，「F5：リフレーミング型コーピング」へ影響を及ぼすいくつかの要素となることが示唆されたとすることが妥当である。

3-6. 総合考察

　本章は，宗教観の個人的認知的側面に注目し，認知行動的セルフモニタリング構造（山﨑，2015）において，その認知・信念が，適応「行動」や「感情」などに影響を与えることを明らかにするために，宗教観構造因子の個人的認知的側面と項目内容的に一致する「スピリチュアリティ的認知（信念）」を「認知・信念」の鍵概念として分析を行った。

　その結果，認知行動的セルフモニタリングにおける「スピリチュアリティ的認知（信念）」が，適応の指標としての「心の健康」「気分・感情」「認知」の尺度である「Subjective Well-Being（主体的幸福感）」に影響を与えていることが明らかとなった。スピリチュアリティ的認知（信念）「F2：人生の意味」が，Subjective Well-Being（主観的幸福感）「F1：自己信頼感」「F2：満足感」「F3：幸福感」のすべての因子に影響を及ぼしていた。

　次に，認知行動的セルフモニタリングにおける「スピリチュアリティ的認知（信念）」が，適応の指標としての「行動」の尺度である「対人ストレスコーピング」に影響を与えていることが明らかになった。スピリチュアリティ的認知（信念）「F2：人生の意味」「F3：神の守護」「F4：因果応報」が，対人ストレスコーピング行動としての「F5：リフレーミング型コーピング」に影響を及ぼしていた。

　WHOにより宗教観・宗教性・スピリチュアリティの重要性が提唱され，社会適応や精神的健康との関連が検討されながらも，日本においては実証的研究の数は多くない。また，スピリチュアリティ概念の研究は行われているが，スピリチュアリティ的認知（信念）と日常行動や適応的変数との関連をエビデンスに基づいて明示している研究は少ない。本章で，スピリチュアリティ的認知（信念）が「Subjective Well-Being（主体的幸福感）」と「対人ストレスコーピング」行動の選択に及ぼす影響が，具体的に明らかになった。

第4章　スピリチュアリティ的認知と抑うつスキーマ

―認知行動的セルフモニタリング「抑うつスキーマ」における因子相関―

　本章の目的は，宗教観の個人的認知的変数としてのスピリチュアリティ的認知（信念）による，不適応の認知的変数としての抑うつスキーマ（コアビリーフ）に与える影響を，質問紙調査を用いた因子相関分析・多変量解析によって明らかにしていくことである。

　質問紙は，フェイスシート，スピリチュアリティ的認知（信念）尺度，抑うつスキーマ尺度により構成されている。質問紙配布・即時回収。因子分析を各尺度に対し実施し，各因子間の6影響を測るために重回帰分析を行った。

　その結果，スピリチュアリティ的認知（信念）「人生の意味因子」「輪廻因子」が，抑うつスキーマ「失敗不安因子」に影響を与えていることが明らかになった。項目からは，「人生を振り返ってみると，さまざまな経験が結局は役に立っていることがわかる。良いことも不都合なことも，単なる偶然ではなく，何かの意味や必要性があって起こっているのである」「前世で人から感謝された行いは，現世での好運となって現れます，前世で人を傷つけた経験は，現世でその付けを払うことになります」「神様はいつも，あなたのことを見ています，あなたを助け守ってくれます」などの認知が，「一度でも大きな失敗をしたら挽回できない」「もし自分を支えてくれる人がいなければ，悲惨である」「同じ失敗は，繰り返してはいけない」「結果はどうあれ，やってみることが大事である」等の「失敗不安因子」に負の影響を与えていた。「……しなければならない」「……は，できない」「……は必ず必要である」などとする「抑うつスキーマ」への負の影響が明示された。

4-1. スピリチュアリティ的認知と抑うつスキーマの関係

4-1-1. 日常的不適応状態としての「抑うつ傾向」と認知的スキーマ

　近年，不適応症状の一つとして，「抑うつ」が，多方面で取り上げられている。抑うつには，精神疾患としての「うつ病」と，心身のさまざまな症状を含む身体・意欲・思考・気分の症状群としての「抑うつ傾向」，気分としての「抑うつ気分」の３つが含まれている。

　精神疾患としての「うつ病」は，精神科医療による治療が求められる。

　気分としての「抑うつ気分」は，個人的な不快イベントの経験の結果生じる一時的感情反応の一つである。

　本章では，不適応状態と認知行動的セルフモニタリングの関係性を明らかにしようとするものであり，心身のさまざまな症状を含む身体・意欲・思考・気分の症状群としての「抑うつ傾向」を，日常的不適応状態の抑うつとして調査研究する。

　ベック（Beck, 1976）は，抑うつ傾向には，その個人に特有な「認知的歪み（cognitive distortions）[1]」があるとしている。認知的歪みにより抑うつ傾向が保持されているとしている。その歪みには２つの水準がある。その一つは，ストレス事態経験時に，たびたび頻繁に出現する，あらゆる局面で浅い表層部に存在する「自動思考（automatic thoughts）[2]」と，もう一つは，個人の行動に定常的に影響を与え続ける，より深層部に存在する「スキーマ（schema）：コアビリーフ（core belief）[3]」である。

1）認知の歪み（cognitive distortion）は，非合理的な思考パターン（irrational thought pattern）である。ベックにより一般化された。この思考パターンは，個人に現実を不正確に認識させ，ネガティブな思考や感情を増幅させているとする。気分や感情は「歪んだ考え方がマイナスの気分を生み出す」とした。
2）自動思考，環境や状況に対応し，即座に自分の意志とは関係なく自動的に湧き出る認知や思考を意味する。認知行動療法用語。
3）「スキーマ」「コアビリーフ」ともに，個人の信念や価値観の根底にある「確固たる信念」「中心的思い込み」を意味する。

スキーマは，個人の社会的体験を評価するための一つの認知的構造とされる。適応的な個人のスキーマは，社会的体験に対して現実的な評価を下し，次なる適切な行動を選択させる。不適応的な個人のスキーマは，現実を歪んでとらえ，歪んだ評価を通じて不適切な行動を選択させる。

自動思考は，そのスキーマにより生成され，ストレスフルなことが生じたとき，直後に頭の中に浮かんでくる言葉やイメージ，考え，思考などを意味する。

抑うつ傾向には，個人特有の歪んだ「抑うつスキーマ」により，歪んだ「自動思考」が生成され，不適応行動を選択させ，不適応状態を次第に固定化・悪化させていく（Dozois & Beck, 2008）。具体的に，抑うつ気分に陥りやすい者の特徴的スキーマに，「……しなければならない。」「……であるべきだ。」「もし……なら，もうおしまいだ。」などの，揺るぎない不合理的信念や，極端な思考傾向がある。この歪んだ認知により，「もう，おしまいだから何をやってもしょうがない」などの自動思考が頭をよぎることになり，意気消沈し，行動水準が下がり，選択可能な行動を自ら減少させ，悲観的行動の選択により，さらなる抑うつ傾向に落ち込む，悪循環が繰り返すのである。

不適応状態の改善を目指す心理的支援では，不適応行動を維持させている個人的認知構造の深層部に存在する「抑うつスキーマ」や，表層部に存在する「自動思考」などの個人的認知的変数を明らかにし，その変容を，協働作業していくことになる。

4-1-2. 抑うつスキーマの客観的測定

不適応行動に影響を与えている歪んだ抑うつスキーマや自動思考を，心理的支援により改善するためには，まず個人特有の抑うつスキーマや自動思考の客観的把握が求められる。客観的把握のためには，信頼性妥当性の高い尺度を用いることが求められる。

うつ傾向者特有の認知の歪み，すなわち，「自動思考の歪み」と「スキーマの歪み」に焦点をあてた尺度として，自動思考の測定に関しては，「自動思考尺度（Automatic Thoughts Questionnaire：ATQ）」（Kendall, Howard, & Hays, 1989）

（児玉，1994：日本語版）がある。ATQ は 3 因子で構成され，「将来に対する否定的評価因子」：項目「私の人生はめちゃめちゃだ」，「自己に対する避難因子」：項目「もっと良い人だったら良かったのに」，「肯定的思考因子」：項目「自分自身に誇りを持っている」などの因子構造となっている。

　「抑うつスキーマ」の測定に関しては，「非機能的態度尺度（Dysfunctional Attitude Scale：DAS）」（Weissman & Beck，1978）（丹野，1998：DAS 翻訳版試案）をあげることができる。DAS は，欧米において非常に多く用いられており，抑うつ傾向者特有の抑うつスキーマを測定する信頼性の非常に高い尺度である。しかし，DAS を構成する質問項目の数は，100 項目もあり，その短縮版でさえも，40 項目もある。抑うつ傾向の者にとり，記入に際して多大な負担となる可能性や，また項目内容を読むことにより問題に直面してしまうことに関する課題も指摘されていた。

　その後，DAS に対して臨床的利便性を考慮して 20 から 30 項目の尺度として構成したものに，日本で開発された抑うつスキーマ尺度（Depressogenic Schemata Scale：DSS）がある（坂本，1997）。DSS の因子構造は，「高達成思考」「他者依存的評価」「失敗不安」の 3 因子で構成されている。質問項目は，各因子 8 項目で，全体項目 24 項目で成り立っている。

　項目数，利用目的などから，本章における「抑うつスキーマ」の客観的把握の尺度として，DSS を用いる。

4-1-3. スピリチュアリティ的認知（信念）と抑うつスキーマ

　前章では宗教観を構成する個人的認知的変数としてのスピリチュアリティ的認知（信念）の因子「人生の意味」因子が，適応を構成する心の健康の変数としての Subjective Well-Being（主観的幸福感）の因子「自己信頼感」「満足感」「幸福感」因子のすべてに影響を与え，また，「人生の意味」「神の守護」「因果応報」因子が，ストレスに対する対処行動の変数として対人ストレスコーピングの因子「リフレーミング型コーピング」に影響を与えていることが明らかになった。スピリチュアリティ的認知（信念）が，適応的感情および適応的行動に影響

していることが証明された。これは，不適応状態を支援するためには，その不適応状態を生成している個人の歪んだ認知や信念に，スピリチュアリティ的認知（信念）がどのような関係を持っているのかを明らかにすることによって，宗教観を用いた心理的支援の具体的方法に資することができることを意味している。第3世代認知行動療法において，積極的に宗教観やスピリチュアリティ的認知（信念）を用いて効果を上げている事例研究の実証的研究として位置づけられるものである。

しかし，個人の有する抑うつ傾向に対し，個人の体験的価値の深層にある判断基準としてのスキーマ（コアビリーフ）とスピリチュアリティ的認知（信念）の関係を明らかにした実証的研究は少ない。

4-2. スピリチュアリティ的認知（信念）による，不適応の個人的認知的変数としての抑うつスキーマ（コアビリーフ）に与える影響の検討

本章の目的は，第3世代認知行動療法において，抑うつスキーマに対する宗教観やスピリチュアリティ的認知（信念）を用い臨床的効果を上げている実証的研究として，宗教観の個人的認知的変数としてのスピリチュアリティ的認知（信念）による，不適応の個人的認知的変数としての抑うつスキーマ（コアビリーフ）に与える影響を，質問紙調査を用いた因子相関分析・多変量解析によって明らかにしていくことである。

質問紙は，フェイスシート，スピリチュアリティ的認知（信念）尺度，抑うつスキーマ尺度により構成されている。質問紙配布・即時回収。因子分析を各尺度に対し実施し，各因子間影響を測るために重回帰分析を行っていく。

4-2-1. 質問紙調査法

集団調査法。授業終了後，質問紙を配布。無記名，記入終了後即時回収。

倫理的配慮として，配布時，調査対象者に対し「調査への参加は強制される

ものではない」「回答するかどうかは自らの意思で自由に決めることができる」
「答えたくない質問があればとばしてもよい」「途中でやめたくなった場合は，
すぐにやめてよい」「いかなる不利益も生じない」「回答は研究以外では用いら
れない」「統計的に処理され，個人に関するプライバシー管理は徹底される」「回
答済み用紙は研究終了後，研究者が責任をもって破棄する」「本章についての
問い合わせ先」などを提示したのち実施した。質問紙への回答をもって了解を
得たものとした。

4-2-2. 質問紙の構成

　質問紙の構成を，以下に示す。

① 「フェイスシート」年齢と性別の記述を求めた。

② 「スピリチュアティ的認知（信念）尺度」（第3章：改変（短縮版スピリチュアリ
　ティ的信念尺度，（具志堅，2011）)

③ 抑うつスキーマ尺度（Depressogenic Schemata Scale : DSS）（坂本，1997）。
　DSS は3カテゴリー24項目によって構成されている。

　1）高達成思考：8項目

　　　「何事にも妥協は許されない。」「平凡な生き方では，満足すべきではな
　　　い。」「もし自分に厳しくしないと，私は二流の人間になってしまう。」など。

　2）他者依存的評価：8項目

　　　「他の人が私をどう評価するかということは，とても重要である。」「周
　　　りの人がかまってくれないと，孤独感に襲われるに違いない。」など。

　3）失敗不安：8項目

　　　「もし弱さを他の人に知られたら，拒絶されるだろう。」「一度でも失敗
　　　したら，挽回できない。」など。

　質問項目記入のための教示文は「以下の問いで，もっとも自分にあてはまる
ものと思うものに○をつけてください。」とし，「とてもあてはまる」「あては
まる」「どちらともいえない」「あまりそうは思わない」「まったくそうは思わ
ない」の5件法にて回答を求めた。

Table19 調査対象者年齢

	Mean	SD	N	Min	Max
age	19.34	0.671	135	18	21

4-2-3. 調査期間

2018年11月。

4-2-4. 調査対象

都内私立女子大学生 185名の質問回答紙回収。回答の不備や欠損値などを検討し，有効回答数 135名を分析対象とした。調査対象者年齢等は Table19 に示す。

4-3. スピリチュアリティ的認知（信念）による，不適応の個人的認知的変数としての抑うつスキーマ（コアビリーフ）に与える影響調査結果

4-3-1. 抑うつスキーマ尺度の信頼度と因子分析

抑うつスキーマ尺度 24項目の5件は，「とてもあてはまる」5点，「あてはまる」4点，「どちらともいえない」3点，「あまりそうは思わない」2点，「まったくそうは思わない」1点と得点化した。

抑うつスキーマの構造を確認するため，各因子間に緩やかな相関が予想され因子分析は，主因子法，Promax 回転を行った。因子負荷量の小さい5項目を除外し，残りの 19項目で再分析を行った。その結果，固有値を配慮し5因子が抽出された。各因子の因子負荷量 .40以上の項目を検討し，19項目が5因子に分割された。

第1因子は「もし弱さを他の人に知られたら，拒絶されるだろう。」「自分の弱さを見せることは，恥ずべきことだ。」「裏切られるかもしれないので，他の人を信頼できない。」「もし他の人から孤立すると，必ず不幸になる。」の4項

84

目からなり，各項目内容を検討し因子名として「F1：他者不信」と命名した。

第2因子は「平凡な生き方では，満足すべきではない。」「人並みの成績では満足してはいけない。」「何もしない日があってはならない。」「もし自分に厳しくしないと，私は二流の人間になってしまう。」の4項目からなり，各項目内容を検討し因子名として「F2：高達成志向」と命名した。

第3因子は「一度でも大きな失敗をしたら，挽回できない。」「もし自分を支えてくれる人がいなければ，悲惨である。」「同じ失敗は，繰り返してはいけない。」「結果はどうであれ，やってみることが大事である。」の4項目からなり，各項目内容を検討し因子名として「F3：失敗不安」と命名した。

第4因子は「人生には，後悔することがあってはならない。」「他の人から孤立すると，必ず不幸になる。」「もし他の人から嫌われたら，幸せにならない。」「もし仕事でうまくいかなかったら，私は人生の敗北者である。」「私は，いい人でいなければならない。」の4項目からなり，各項目内容を検討し因子名として「F4：他者評価依存」と命名した。

第5因子は「幸せになるために，私は他の人の承認を必要としない。」「もし他の人から魅力の無い人間だと評価されても，私は動揺しない。」の2項目からなり，各項目内容を検討し因子名として「F5：自律志向」と命名した。

因子の累積寄与率は49.8％であった。

さらに各因子のCronbachのα係数は，第1因子「他者不信」は$\alpha = .72$，第2因子「高達成志向」は$\alpha = .71$，第3因子「失敗不安」は$\alpha = .60$，第4子「他者依存」は$\alpha = .74$，第5因子「自律志向」は$\alpha = .69$であった。内的整合性は全下位因子が保たれている。

一方，先行研究では尺度は，3カテゴリー24項目によって構成されていた。今回抽出された5因子を項目的に検討すると，先行研究における第1因子「高達成志向」は，本章における「高達成志向」に，第2因子「他者依存的評価」は，「他者評価依存」「自律志向」：（逆転項目）に，第3因子「失敗不安」は「失敗不安」「他者不信」の5カテゴリーに分割充当されている。

抑うつスキーマ尺度は，不適応状態である抑うつの認知的歪みの構造から，

Table20　抑うつスキーマ尺度　因子分析結果

質問項目	I	II	III	IV	V
F1：他者不信（α=.72）					
24　もし弱さを他の人に知られたら，拒絶されるだろう。	.94	.01	−.04	−.12	.15
18　自分の弱さを見せることは，恥ずべきことだ。	.63	.09	−.07	−.06	−.09
12　裏切られるかもしれないので，他の人を信頼できない。	.54	−.15	.12	.02	−.01
9　もし他の人から孤立すると，必ず不幸になる。	.53	−.17	.16	.05	.09
F2：高達成志向（α=.71）					
4　平凡な生き方では，満足すべきではない。	.08	.72	−.02	−.16	.02
10　人並みの成績では満足してはいけない。	−.07	.59	.20	.02	.02
7　何もしない日があってはならない。	−.05	.51	.04	.00	−.04
13　もし自分に厳しくしないと，私は二流の人間になってしまう。	.04	.46	.34	−.05	−.05
F3：失敗不安（α=.60）					
16　一度でも大きな失敗をしたら，挽回できない。	.00	.05	.71	−.10	.03
14　もし自分を支えてくれる人がいなければ，悲惨である。	.11	.04	.56	−.13	−.16
19　同じ失敗は，繰り返してはいけない。	.04	.02	.55	.01	.14
6　結果はどうであれ，やってみることが大事である。	−.03	.23	.45	−.33	.26
F4：他者評価依存（α=.74）					
22　人生には，後悔することがあってはならない。	−.04	−.14	−.17	.71	.20
8　他の人から孤立すると，必ず不幸になる。	.02	.43	−.34	.69	.16
17　もし他の人から嫌われたら，幸せにならない。	−.13	.07	.33	.58	−.10
3　もし仕事でうまくいかなかったら，私は人生の敗北者である。	.34	−.03	.02	.46	−.02
11　私は，いい人でいなければならない。	.01	−.06	.38	.44	.13
F5：自律志向（α=.69）					
23　幸せになるために，私は他の人の承認を必要としない。	.03	−.09	.20	.32	.92
20　もし他の人から魅力の無い人間だと評価されても，私は動揺しない。	.05	.12	−.05	.00	.67

因子間相関	I	II	III	IV	V
I		.38	.26	.48	−.24
II			.46	.52	−.11
III				.41	−.33
IV					−.36

Table21　抑うつスキーマ尺度項目別　*Mean・SD*

質問項目	*Mean*	*SD*	*N*	*Min*	*Max*
F1：他者不信					
24 もし弱さを他の人に知られたら，拒絶されるだろう。	2.24	.99	135	1	5
18 自分の弱さを見せることは，恥ずべきことだ。	2.59	1.09	135	1	5
12 裏切られるかもしれないので，他の人を信頼できない。	2.73	1.15	135	1	5
9 もし他の人から孤立すると，必ず不幸になる。	2.81	1.09	135	1	5
F2：高達成志向					
4 平凡な生き方では，満足すべきではない。	2.52	1.05	135	1	5
10 人並みの成績では満足してはいけない。	2.65	1.08	135	1	5
7 何もしない日があってはならない。	1.99	1.09	135	1	5
13 もし自分に厳しくしないと，私は二流の人間になってしまう。	2.50	1.14	135	1	5
F3：失敗不安					
16 一度でも大きな失敗をしたら，挽回できない。	3.11	1.12	135	1	5
14 もし自分を支えてくれる人がいなければ，悲惨である。	3.27	1.23	135	1	5
19 同じ失敗は，繰り返してはいけない。	3.30	1.06	135	1	5
6 結果はどうであれ，やってみることが大事である。	3.62	.95	135	1	5
F4：他者評価依存					
22 人生には，後悔することがあってはならない。	2.31	.99	135	1	5
8 他の人から孤立すると，必ず不幸になる。	2.15	.94	135	1	5
17 もし他の人から嫌われたら，幸せにならない。	2.71	1.15	135	1	5
3 もし仕事でうまくいかなかったら，私は人生の敗北者である。	2.53	1.04	135	1	5
11 私は，いい人でいなければならない。	3.04	1.22	135	1	5
F5：自律志向					
23 幸せになるために，私は他の人の承認を必要としない。	2.43	.97	135	1	5
20 もし他の人から魅力の無い人間だと評価されても，私は動揺しない。	2.44	1.05	135	1	5

Table22　抑うつスキーマ尺度下位因子尺度　*Mean・SD*

	Mean	*SD*	*N*	*Min*	*Max*
F1. 他者不信	2.59	.79	135	1.00	5.00
F2. 高達成志向	2.47	.69	135	1.00	4.50
F3. 失敗不安	3.33	.74	135	1.25	5.00
F4. 他者評価依存	2.55	.75	135	1.00	4.40
F5. 自律志向	2.44	.88	135	1.00	5.00

抑うつを客観的に測定する尺度であることはすでに述べた。その際先行研究では3因子構造となっているが，第2因子「他者依存的評価」を内容的に検討すると，他者評価が自己評価の基準となり，評価を得られないために失敗に対する不安と，自律的な内容の項目に分離できる。また第3因子「失敗不安」に失敗に対する不安を表現する項目と，対人的関係に対する不安の内容が混在している。さらに先行研究においても，項目や因子の変動が見られ，内容的整合性を検討した結果，今回の因子分析の結果の5因子を用いて以降の分析を行っていく。

Table20 に抑うつスキーマ尺度因子分析結果およびその因子間相関，α 係数を示した。
Table21 に抑うつスキーマ尺度項目別 Mean・SD などを示した。
Table22 に抑うつスキーマ尺度下位因子尺度の Mean・SD などを示した。

4-3-2. スピリチュアリティ的認知（信念）が抑うつスキーマに及ぼす影響

（1）スピリチュアリティ的認知（信念）尺度5因子と抑うつスキーマ5因子の相関
「魂の永続性」と「高達成志向」($r = .13$, $p < .10$)，「人生の意味」と「他者不信」($r = -.26$, $p < .01$)・「失敗不安」($r = -.15$, $p < .05$)，「輪廻」と「失敗不安」($r = -.18$, $p < .05$)，の因子間に相関および相関傾向がみられた。Table23 にスピリチュアリティ的認知（信念），抑うつスキーマ下位尺度間相関を示す。

Table23　スピリチュアリティ的認知（信念），抑うつスキーマ下位尺度間相関

	F2.人生の意味	F3.神の守護	F4.因果応報	F5.輪廻	F6.心象の現実化	F1.他者不信	F2.高達成志向	F3.失敗不安	F4.他者評価依存	F5.自律志向
F1. 魂の永続性	.31***	.49***	.40***	.69***	.29***	−.03	.13†	−.03	−.01	.07
F2. 人生の意味		.56***	.60***	.32***	.63***	−.26**	.06	−.15*	−.04	.09
F3. 神の守護			.51***	.59***	.41***	−.18*	−.01	−.11	.09	.05
F4. 因果応報				.36***	.45***	−.25**	−.04	.02	−.02	.01
F5. 輪廻					.28***	−.09	.09	−.18*	−.03	.03
F6. 心象の現実化						−.21**	−.02	.06	−.03	.00

*** $p < .001$, ** $p < .01$, * $p < .05$, † $p < .10$

（2）スピリチュアリティ的信念が，抑うつスキーマ尺度へ及ぼす影響

スピリチュアリティ的信念が，抑うつスキーマへ及ぼす影響を明らかにするために，スピリチュアリティ的信念尺度各下位因子，「魂の永続性」「人生の意味」「神の守護」「因果応報」「輪廻」「心象の現実化」を独立変数，抑うつスキーマ尺度各下位因子，「他者不信」「高達成志向」「失敗不安」「他者評価依存」「自律志向」を従属変数とする重回帰分析を実施した。

その結果，スピリチュアリティ的信念「人生の意味」「輪廻」が，抑うつスキーマ「失敗不安」に有意な負の影響を及ぼしていた。

$R^2 = .05$ であり，モデルは有意であった（$F(6,128) = 2.10$, $p < .05$）。

「人生の意味」は（$\beta = -.26$, $p < .05$）で，有意な負の影響が示された。

「輪廻」は（$\beta = -.28$, $p < .05$）で，有意な負の影響が示された（**Figure15**）。

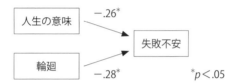

Figure15　スピリチュアリティ的信念が，抑うつスキーマへ及ぼす影響

4-4. スピリチュアリティ的認知（信念）による，不適応の個人的認知的変数としての抑うつスキーマ（コアビリーフ）に与える影響調査結果の考察

4-4-1. 抑うつスキーマの構造

宗教観の個人的認知的変数であるスピリチュアリティ的認知（信念）による，不適応の認知的変数としての抑うつスキーマ（コアビリーフ）に与える影響を，質問紙調査を用いた因子相関分析・多変量解析によって明らかにしていくため，抑うつスキーマ尺度（Depressogenic Schemata Scale：DSS）（坂本，1997）を用い，その構造を検討した。

因子分析の結果，「F1：他者不信」「F2：高達成志向」「F3：失敗不安」

「F4：他者評価依存」「F5：自律志向」の5因子が抽出された。

4-4-2. スピリチュアリティ的認知（信念）による抑うつスキーマ（コアビリーフ）への影響

　重回帰分析による，スピリチュアリティ的認知（信念）因子が，抑うつスキーマ因子に及ぼす影響を分析した。その結果，スピリチュアリティ的認知（信念）「F2：人生の意味」「F5：輪廻」が抑うつスキーマ「F3：失敗不安」に負の影響を及ぼしていることが明らかになった。

　「F2：人生の意味」の項目「人生で起こる出来事や，人との出会いは，あなたが人間として必要なことを学び，成長するために，見えない縁によってやってきます。単なる偶然ではないのです。」「人生の挫折や行きづまりには，そこから学ばなければならない何かがあるのです。あせらずに，それを受け入れると，最終的にはプラスの結果となって現れます。」など，生きる意味に関するポジティブな探究と，「見えない縁」のような超自然的なものへの認知や存在を意識することや，「F5：輪廻」の項目「前世で人から感謝された行いは，現世での好運となって現れます。前世で人を傷つけた経験は，現世でそのつけを払うことになります。」「現世での人との縁は，前世からつながっているものであり，来世へと続いていくものです。」「神様はいつも，あなたのことを見ています。あなたを助け，守ってくれています。」など，現世の行いが来世へつながっていく時間や魂の連続性を意識することや，それを神によって見守られていることを信じることが，「F3：失敗不安」の項目「一度でも大きな失敗をしたら，挽回できない。」「もし自分を支えてくれる人がいなければ，悲惨である。」「同じ失敗は，繰り返してはいけない。」「結果はどうであれ，やってみることが大事である。」などの抑うつスキーマに，負の影響を及ぼしていることが明らかになった。

　すなわち，抑うつスキーマの構造5因子のうち失敗不安に起因する認知の歪みへの心理的支援において，スピリチュアリティ的認知（信念）人生の意味の把握や，輪廻に関する意識を用いる認知再構成のアプローチの有効性が実証され

ることとなった。

　第3世代認知行動療法で用いられる，先に述べた，個人の有する宗教的リソースを用いて，人生の意味の把握や，輪廻に関する意識の獲得が，抑うつスキーマからの心理的適応を促進することの根拠を得ることとなった。しかし，それぞれ重相関係数 $R^2 = .05$ であり，スピリチュアリティ的認知（信念）「F2：人生の意味」「F5：輪廻」の抑うつスキーマ「F3：失敗不安」への影響を十分には説明してはいないことがわかる。言うならば，「F2：人生の意味」「F5：輪廻」は「F3：失敗不安」へ影響を及ぼすいくつかの要素となることが示唆されたとすることが妥当である。すなわち，個人的認知以外の他の要素として，個人を取り巻く環境的要素などをあげることができる。

　第3世代認知行動療法においては，まず個人のリソースとしての認知を扱うことによって環境への働きかけを行っていくことを目標にしており，その点からも，本章で得られた知見と完全に一致する。

　本章の目的であった，第3世代認知行動療法において，抑うつスキーマに対する宗教観やスピリチュアリティ的認知（信念）を用い臨床的効果を上げている実証的な研究として，宗教観の個人的認知的変数としてのスピリチュアリティ的認知（信念）による，不適応の個人的認知的変数としての抑うつスキーマ（コアビリーフ）に与える影響を，明らかにすることができた。

第5章　認知行動カウンセリングの背景
―宗教観における個人的認知変容による適応支援への道程―

5-1. 認知行動療法の発展

　現在，最も新しい臨床心理学におけるカウンセリング理論は，第3世代認知行動療法である。認知行動療法は，第1世代，第2世代，第3世代と発展し続けている。

　認知行動療法とは，環境から入力される刺激を，個人の主観的認知フレーム[1]を通じて，情報処理し，その後の行動が選択されるとするものである。不適応行動に悩む場合，その行動に影響を与えている認知の枠組みに気づき，歪んだ認知を再構成・修正しようとする心理療法である。

　第3世代に至るまでの歴史を振り返ろう。第1世代は，行動療法をさし，1950年代の学習理論に依拠するものである。環境の刺激とその反応としての行動に注目した。しかし，その後，環境の刺激と反応の行動を媒介する個人的認知が重視されるようになり，第2世代へとつながっていく。

　第2世代は，1970年代から，認知再構成法や，論理療法（REBT），認知療法などとして各々発展し，個人の中にある歪んだ否定的な認知に最大限注目を払い，不適応行動を認知の変容により改善していくことを目指している。第1世代に完全に欠落していた個人的認知の変容を重視したのである。

　しかし，個人が誕生してから今まで長い時間をかけて形成してきた個人的認知の枠組みを，臨床心理的かかわりのみで再構成することに困難さを有するク

---

1) 認知フレーム（Cognitive Frames）は，各個人が有する「ものの見方」や「考え方」。これらは自己経験，文化，性格などの影響により形成される。自分の「認知フレーム」を通して，現実を解釈しているのである。

ライエントに関して，それが不適応意識を増幅させる危険性もあった。努力しても修正できない自分をさらに責めるのである。そこで，悩んでいるが，今，存在している意味，生きる意味，自分が現実に生を営んでいることを，あるがままに受け入れ，そのメタ認知を促進する第3世代の認知行動療法が生まれることとなったのである。

第3世代は，1990年代から，マインドフルネス療法，アクセプタンス&コミットメント・セラピー（ACT），弁証法的認知療法，宗教的認知療法，メタ認知療法[2]などとして発展している。第2世代に欠落していた，宗教的な瞑想などを取り入れることによって現在の自分を受け入れるプロセスを付加させている。各々の理論が共有する点として，マインドフルネスとアクセプタンス（受容）を強調する視点があげられる。特にマインドフルは個人的認知的側面に宗教的側面，スピリチュアリティ的な要素を取り入れている。各個人の有している文化的側面として，宗教に依拠したアプローチが，仏教，キリスト教，イスラム教，ヒンズー教などにおいて，開発され始めている。

ここでは，第3世代理解のために欠かすことのできない第1世代の行動療法，第2世代の論理療法・認知療法の理論の根本を確認し，第3世代における個人的認知の変容に宗教的・スピリチュアリティ的経験を取り入れ，適応を促進していくに至った経過を振り返る。

▎5-2. 認知行動カウンセリングの枠組み

「認知行動療法（cognitive-behavior therapy）」は，単一の理論ではなく，それぞれ独自に生まれ，多くの実践研究者によって育まれていた「行動療法（behavior therapy）」と「認知療法（cognitive therapy）」などの各理論・諸技法が融合された総称である。マイケンバウム（Meichenbaum, D.H.）が1977年に著作のタ

2）メタ認知（Metacognition）は，「メタ（高次）の認知」であり，自己認知に対して，それを認知することを意味する。心理療法や認知行動カウンセリングにおいて，経験を正しく理解しているか，認知行動を適応的にするために必要な思考の在り方である。

イトルに初めて「認知行動（cognitive-behavior）」の言葉を出現させたのが始まりである。

　「学習理論」を基本的考えとする「行動療法」は，感情や認知も行動の一部であるという主張のもとに，カウンセリングにおける介入的パッケージ技法を極めて多く有している。また「認知療法」では，ベック（Beck, A.T.）や「論理療法（REBT）」では，エリス（Ellis, A.）など，積極的に「行動療法」におけるパッケージ技法を活用して自らの理論適用のために具体化・有効化を図った。よって，「行動療法」と「認知療法」は必然的に接近し，折衷化・融合されていったのである。今日，「行動療法」と「認知療法」は深く結合し「認知行動療法」と呼称されるに至った。

　「行動療法」には，問題の本質の改善，根本原因の解消というより，対症療法に過ぎない等の強い批判や，人間の悩みや葛藤・感情を扱わないことにより一時的な症状の減退は見られても代理症や再発が多いという問題の指摘もあったが，「認知行動療法」へ融合され個人の感情や認知を重視するようになったために，その欠点は大いに改善されていった。

　今日，あえて「行動療法」，「認知療法」と区別するときは，系統的脱感作のような個別の技法を意味する「行動療法」であったり，コアビリーフやスキーマ，自動思考などのような「認知療法」の狭義の理論・技法を意味することが多い。

　さらに近年，「マインドフルネス」，「ACT（アクセプタンス＆コミットメント・セラピー）」他などの第3世代と呼ばれる認知行動療法が展開され，理論・技法ともにさらなる発展と変容を続けている。

　認知行動療法の理論・技法は，人それぞれが感じること・ものの見方・とらえ方などを意味する「認知」が，環境・状況・他者と，自分の行動・感情・身体反応と相互作用することによって，不適応状態に陥ったり，適応したりすると考える。「行動」と「認知」，そして「環境」の働きかけやすいところから介入を行い，適応を促進させる。

　また，「認知行動カウンセリング」は，「認知行動療法」における理論・技法

のカウンセリングにおける適用である。そして，カウンセリング過程において確実な効果が得られたことの実証に基づく，客観的根拠のある，すなわち「エビデンスベースト・カウンセリング」を目指している。

　ここでは，認知行動カウンセリングの理論・技法の礎である第1世代認知行動療法：行動療法を述べ，次に，第2世代認知行動療法の代表的論理療法・認知療法理論・技法を述べていく。

5-3. 第1世代　行動療法

5-3-1. 行動療法の枠組み

　行動療法の起源は，1920年代にワトソン（Watson, J.B.）らが学習理論に基づくセラピーを開始し，1953年にスキナー（Skinner, B.F.）が初めて「行動療法」という用語を使用したことから始まる。

　また，フロイト（Freud, S.）から始まる精神分析療法に対してその科学性および効果性に多大なる疑問を投げかけ，行動療法の科学的優位性を強調したのは，学習理論家のアイゼンク（Eysenck, H.J.）である。直感や思弁によって得られた知識体系ではない観察可能な客観性を重視し，科学としての臨床心理学・学習理論に基づく理論・技法こそ重要であると考え，行動療法を提唱・推進した。

　アイゼンクは，不適応行動も適応行動と同じ学習の産物であり，学習の過剰あるいは不足によるものとして，実験的に確認された技法による明確な効果を目指した。学習理論は行動療法の基本的立場となっている。

　すなわち「行動療法とは，学習理論に基づいて人間の行動を変容する方法のシステムあるいはプログラム」である。

5-3-2. 行動療法の基本原則と特徴

　問題行動は，適切な行動の学習不足，あるいは不適切な行動の学習結果である。したがって，適切な行動の学習や，不適切に学習された行動の除去により行動を変容させていく。問題行動そのものの解決が，行動療法の目的となる。

5-3-3. 行動療法におけるパーソナリティ観

　刺激と反応の連合，あるいは習慣的反応体系が，人のパーソナリティであり，再学習することにより，行動が変わり，パーソナリティ自体も変容するとしている。最初，善も悪もない白紙の状態で人は誕生し，善になるか悪になるかは後天的な条件づけによるとするパーソナリティ観である。

5-3-4. 行動療法のゴール

　行動療法の目指すゴールは，クライエントの行動変容である。それは，不適応行動そのものを対象とし，適切な学習をすることより，その変化と修正を企図していく。

　最初にクライエントの行動分析を行い，行動変容・修正を目指し，その介入方法を考案する。そこでは，問題解決志向が強調される。

　アンガーマネジメントと呼ばれる行動療法がある。日常生活における刺激で，すぐ「キレる」者に，「キレる」行動を選択する前に，「話し合う」行動を起こせるように学習させ，暴力的な行動を減少させていくセラピーである。認知の変容と，行動変容の練習を重ねることにより，問題行動発生の頻度が下がり，適応的行動の頻度が増加していく。ある程度までにその水準が到達すれば，そこがゴールとなる。同時に，適応的行動が学習され，人間関係が親和的に変容することにより，クライエントの攻撃的なパーソナリティも変容していく。

5-3-5. 行動療法の過程

　行動療法におけるカウンセリングのプロセスは，まず，クライエントに形成されている不適応行動を悪化させ持続させている事態を，学習理論をベースとする行動理論の視点から分析する。

　次に，その分析に基づきカウンセリング面接のプログラムを立案する。カウンセラーはクライエントと協働作業の過程で，課題を提示し，経験実施およびホームワークを深化させていく。

　また，アセスメント，ゴールセッティング，プログラム，ホームワーク，強

化，消去，般化などのカウンセリング過程の中で，クライエントの状態に応じてプログラムを柔軟に修正・変化させていくことも少なくない。そのために，行動療法の実施に至るまでは，当然であるが専門的なカウンセラーとしてのトレーニングが求められる。

5-3-6. レスポンデント条件づけ

パブロフ (Pavlov, I.P.) の，犬にベル音を聞かせると同時に，エサを与えることにより唾液分泌を条件づけた実験は有名である。元来，ベル音刺激と，唾液分泌とは全く関係は無いが，エサを対呈示することによりベルの音と唾液分泌間に新しい経験の連合を学習させた。この経験の連合が，「古典的条件づけ（レスポンデント条件づけ）」である。

不安を克服するセラピーでは，その不安を制止する反応を古典的条件づけ（逆制止）で学習すれば，前に体験した不安を減少させることができると考える。

レスポンデント条件づけを用いたカウンセリング技法，系統的脱感作 (systematic desensitization) がある。古典的条件づけにおける逆制止理論をもとに開発された技法が系統的脱感作である。不安を引き起こす条件刺激に対する過剰な感受性を次第に減退させていき，条件刺激に対する反応が起こらないようにしていく技法であり，これは，現在も認知行動療法で日常的に用いられている基本的技法である。

この技法は最初に，不安階層表を作成する。クライエントに不安に関係のある具体的場面を列挙させ，その場面を不安のレベルによって順番に配列する。

同時に自律訓練法 (autogenic training) や漸進的弛緩法 (progressive relaxation) などを用いて，リラクゼーション法を学ばせる。

以上の準備が完了後，不安刺激とリラクゼーション（弛緩反応）を順番に対呈示し，軽い不安から重い不安場面に段階的に適用して系統的脱感作を継続していくのである。

この技法は，特に，不安・恐怖症等に効果が顕著である。また，イメージを用いる系統的脱感作に加えて，現実場面で直接的に脱感作を行う現実脱感作法

(systematic desensitization in-vivo exposure) や現実暴露・現実エクスポージャー (exposure) も用いられる。

5-3-7. オペラント条件づけ

スキナー (Skinner, B.F.) の, バー押しと同時に餌が出る結果を与え, ネズミにバー押し学習を強化した実験は有名である。自発的な行動に結果 (強化子) が伴うことにより行動頻度が変動する手続きを「オペラント条件づけ (道具的条件づけ)」と呼ぶ。

オペラント行動とは, 意図的・自発的な行動を意味する。ある行動をした結果によって, その行動が再び発生する確率が決まっていく。例えば, 夏キャンプに行って楽しい体験が出来たとすると, その後, その人は夏キャンプに参加する頻度は高まる。

ある「行動」が多発する場合, その行動の「先行刺激」とその「行動に伴う結果」を分析する。結果によって行動が多発する場合は, 強化が生じたと見なされる。このような「先行刺激」と「行動」と「行動に伴う結果」の随伴関係を三項強化随伴性という。これを分析することを「行動分析」と呼ぶ。

例えば, 不登校行動を強化・維持しているものはさまざまではあるが, 事例においては, 行動分析の結果, 朝, 子どものベッドから出ようとしない行動を, 両親のやさしい声かけが, 不必要に強化し, 不登校行動を維持している場合もある。オペラント条件づけを用いたカウンセリング技法の例を次にあげる。

① シェーピング (shaping) 法

ゴールとされる行動が一定の水準に達するまで, 行動をスモールステップにより順次遂行させると同時に, 強化子を与え, 最終的に目標行動を獲得させる。すなわち, 反応を段階的に学習していくことによって, 新しい適応行動を形作る。

② トークン・エコノミー法

トークンは, 代用貨幣を意味し, シールやカードなどを与えたりする。課題を一定の水準で遂行した場合に, クライエントとあらかじめ約束した条件に従ってトークンを強化子として与え, 目標とする行動を強化する。

5-3-8. モデリング

　バンデューラ (Bandura, A.) は，条件づけは，犬や猫，ネズミの実験で証明されたように，動物においても見られるが，「人において最も見られる学習様式はモデリングである。」と述べた。

　すべてを直接経験することのみから学習しているのではなく，他者の行為を見て学ぶことも少なくない。これは，「観察すること，見ることによって学ぶ」社会的学習であり，モデリング (観察学習) と呼ぶ。

　例えば，動物恐怖のクライエントに，犬を怖がらない子どもモデルや，楽しく犬と遊んでいるモデルの行為をじっくり観察させた後，同じ行為をリハーサルさせる。この時，同じ行為を実際にリハーサルさせることができれば，強化子を与える強化法を用いるより効果的となる。

　モデリングを用いたカウンセリング技法の例を次にあげる。

・ソーシャルスキル訓練 (social skills training：SST)

　人に挨拶したり，わからないことを尋ねたり，頼むこと，ほめること，謝ることなど，人間関係を適切に遂行するためのスキルをソーシャルスキルと呼ぶ。

　社会において，人間は対人関係スキル学習が不足しているために，他者に不快感を与え，自らが傷つきストレスを重ねていくことも多い。人間関係を良好にするために基本的ソーシャルスキル・トレーニングが行われる。

　元来，SST は，障がい者の社会復帰・適応の目的で開発された技術である。訓練プログラムには，効果的方法としてモデリングが取り入れられる。

　プログラムを繰り返すことによって効果的な訓練を行うことができる。他者の立場を尊重しつつ，自らの考え・意見・気持ちを率直に主張表現することを学習するアサーション訓練 (assertion training) でも，モデリングは効果的に用いられている。

5-4. 第2世代　認知行動療法：論理療法と認知療法

5-4-1. 認知行動療法の枠組み

　行動療法が行動変容を中心的に扱うのに対し，認知行動療法は考えや物事の受けとめ方 (認知) にも注目し，それが行動へ及ぼす影響を扱っていく。

　条件づけの理論は，環境の影響を重視しているが，心理状態を理解するためには，環境を個人がどのように理解しているかという認知も重要となる。このような認知の変容を図ることを新たに加え，行動療法の不十分な面を補い，クライエントの認知構造に介入していく。

　認知行動療法は，単一の理論・技法ではなく，さまざまな認知と行動を扱う理論・技法の総称である。

5-4-2. パーソナリティ観

　行動を導く重要な要素は「認知」。環境をどのようにとらえていくか，その「認知」によって行動・感情・身体などが影響される。同時に個人的な「認知」「行動」「感情」「身体」および個人を取り囲む「環境」の5要素は，相互に関係し影響を与えている。その影響を与えるものとして，意図的な変容がより可能である個人の「認知」と「行動」がコントロールを加える要素となることが多い。

　適応の問題は，個人特有の認知活動の媒介によって学習された結果か，または必要な学習の欠落の結果である。

5-4-3. 認知行動療法のゴール

　認知行動療法の目指すゴールは，認知の歪み修正や消去であり，行動における未習得スキルの習得や，あるいは過剰学習スキルの消去である。不適応状態を，新たな認知の変更と，行動の練習により，感情・身体などを適応的にしていく。

　最終的には，クライエントの自己効力感を向上させ，自己コントロールでき

るようにすることがゴールである。

5-4-4. 認知行動療法の過程

　認知行動療法におけるカウンセリングのプロセスは，まずクライエントに形成されている解決を必要とする課題を，認知行動理論により分析する。

　クライエントの信念や価値観などの認知行動的反応スタイルに注目し，否定的思考・非合理的信念などを発見し，カウンセラーとの協働作業により，そのひずみのある認知に対し論駁し，修正していく。

　その過程では，筆記法，モデリング，ソーシャルスキル訓練，自己コントロール，コラム法，認知再構成法，問題解決法，行動実験など，多くのパッケージ技法を用いる。

　次に，クライエントの課題を形成している要素のアセスメントに基づいてカウンセリング面接のプログラムを立案する。カウンセラーはクライエントと協働し，課題を確認し，ロールプレイなどで模擬的経験を行い，そののちその課題を実施する。この課題のことを宿題（ホームワーク）と呼び，日常の生活場面で般化させて，練習を深化させていく。

　その際，アセスメント，ゴールセッティング，プログラム，ホームワーク，強化，消去，般化などのカウンセリング過程の中で，クライエントの状態に応じてプログラムを柔軟に変えていくことも少なくない。そのために，認知行動療法の実施に至るまでは，当然であるが専門的なカウンセラーとしてのトレーニングが求められる。さらに，教示的要素は強いが，クライエントとの合意，説明，協働作業を常に心がける必要があり，このことがクライエントの問題解決へのモチベーションにつながっていくことは言うまでもない。

　次に，認知行動療法興隆のきっかけとなった，重要な2つの理論，論理療法と，認知療法について概観する。

5-4-5. 論理療法 REBT (rational emotive behavior therapy)

　論理療法は，エリス（Ellis, A.,）から始まる。当時，エリスは，心理臨床活動

を精神分析療法に基づいて行っていた。しかし，精神分析的な問題解釈や，無意識やトラウマなどの分析が，恣意的になる危険性があり，また分析が妥当であるとしてもそのあとの介入技法すなわち問題解決技法が乏しいことに，大きな失望を抱いた。その後，行動療法の多種多様な技法や理論的枠組みを取り入れ，統合し，論理療法の基本を生み出すこととなった。

(1) 個人的認知としての信念 (belief) の修正

　人間は社会生活の中で，さまざまな信念を，個人的に有することとなる。その個人的に認知された信念 (belief) が，感情・思考・行動に影響する。信念は適応的行動に関係する合理的信念 (rational belief) と，不適応的な非合理的信念 (irrational belief) に分類される。

　具体的には，「……であるべきだ」「……すべきだ」「……でなくてはならない」という信念に取り付かれている場合，その人が本来持っている自由で伸び伸びとした行動が発揮できない。期待した結果が得られない場合は，この信念があるがゆえに，不安，怒り，落胆，葛藤，鬱状態などの不適応状態に導かれる。この「認知（信念）」を非合理的信念 (irrational belief) という。「……であるべきだ」「……でなくてはならない」のような非合理的信念を，カウンセリングにおいて「……であるにこしたことはない」とか「……するにこしたことはない」という合理的信念へ修正していくと，自らを追い込むことが減少して不適応の悪循環から抜け出していくようになるのである。

　些細な失敗を苦にして，「自分には能力がない」と自分に言い聞かせている場合，失敗した事実よりも，その人が失敗したことと自分の能力に起因するものと認知する非合理的信念によって支配されていると考える。そこで，非合理的信念を捨て，「今回，失敗したが，次回はやり方を変えてみよう。自分らしい方法で……」と合理的信念 (rational belief) へ修正していく。

(2) ABCDE 理論

　分析は，ABCDE 理論によって行われる。

「A：Activating event（出来事）」「B：Belief（信念，固定観念）」「C：Consequence（結果）」「D：Dispute（論駁）」「E：Effect（効果）」。

何か不幸な結果Cが生じると，それはある出来事Aが原因だと考えてしまう。しかし，出来事Aを，その人がどう認知したのか，すなわちB：Belief（信念）が問題である。論理療法ではBの非合理的信念（irrational belief）を見出し，明確化して，D：Dispute（論駁）すなわち反論することにより，合理的な考え方合理的信念（rational belief）に気づくことにより，適応的な認知に変容することによって，結果E：Effect（効果）につながっていく。

カウンセラーは，積極的にクライエントの非合理的信念を扱い，論駁していく。さらにクライエントと十分なリレーションを取り，協働作業を常に心がける。

5-4-6. 認知療法

認知療法は，ベック（Beck, A.T.）によって創始された。精神分析を学んだベックは，うつ病の研究を実施していたが，自らの仮説を確認することができず，1961年までに精神分析と決別した。

その後，研究の過程で，うつ病患者には特有な認知様式，すなわち悲観的な考え方（否定的な認知・偏った意味づけ）があることに着目するようになった。

うつ病患者の認知様式の例をベックはあげている。

i「自分はつまらない人間である」など，自己否定的な見方。

ii「自分一人だけが孤立している」など，環境に対する否定的な見方。

iii「将来も駄目に違いない」など，将来に対する否定的な見方。

1963年に，ベックは，カウンセリングにおいて，このような「認知の歪み」を修正し適応的な認知をもたらすことにより，関連する感情・行動・身体の変容をすすめていく新たな治療的アプローチである認知療法を考案し発表した。

(1) 代表的な技法，認知の歪みの修正

認知療法は，クライエントの日常生活を点検しながら，不適応状態を生んでいる考え方の特徴，偏り，「認知の歪み」を発見していく。その際，不快な感

情を生じる直前の思考「自動思考」に焦点をあて，検証し，修正していく。

　毎日記録（コラム法・筆記法）を取りながら，適応的認知へと導いていく。

(2) 心理教育

　認知療法の導入時，心理教育を行う。クライエントと認知療法の概要を共有する。認知が身体・感情・行動に影響を与えて，結果的環境との関係，すなわち適応に影響することを理解させる。認知の存在に気づかせ，自らの認知の～よりをありのままに理解する必要があることを教える。

(3) カウンセリングへの動機づけ（モチベーション）

　自己の歪んでいる認知を自ら見出すことには，少々エネルギーが必要となることも少なくない。そのためにクライエントのカウンセリングに対するモチベーションを高め，受け身にならずに積極的な，自己認知理解およびその変容に向けての作業に参加することを促進させる。協働関係を築き，クライエントが自己効力感を高め，自己コントロールのゴールへ進むためである。また，カウンセラーへ過度な依存を予防する意味もある。

(4) 自動思考

　個人が主観的に頭に浮かんでくる考えやイメージを自動思考という。何かの失敗した出来事が生じたときに，「失敗した。もうおしまいだ。」と考えてしまう場合は，ネガティブな感情がわいてくる。逆に「失敗したけれど，これで要領がわかった，今度は成功するぞ」という考えが浮かぶ場合は，問題解決の次なる行動につながっていく，これらを自動思考と呼ぶ。日常的な認知の表面的表出を意味する。また，その自動思考を生成するより根本的な深い認知をコアビリーフあるいはスキーマと呼んでいる。

　自動思考の存在を認識させ，クライエントの自動思考を発見し，記録し，自動思考の妥当性の検証，論駁，認知の歪みを修正する協働作業をする。

　認知の歪みを発見し，修正していくための質問技法もユニークであり，それ

はソクラテス的対話法と呼ばれている。ソクラテス的対話法を用いて，クライエントの自動思考を発見し修正していく。

（5）ホームワーク

　カウンセリング場面のみではなく，クライエントの日常生活の中で，歪んだ認知の発見と論駁を練習させていく。そのためにホームワークをクライエントの同意のもとに課題として課していく。

　ホームワークは非機能的思考記録（コラム法）や行動実験などさまざまな技法がある。カウンセリング面接（セッションごと）の中でホームワークを振り返り，シェアリングを行い，検証を深化させていく。ここでも，カウンセラーとクライエントの信頼関係の構築，共感的態度，積極的傾聴などの基本姿勢は最重要である。さらにセッションではアジェンダを設定し，メタコミュニケーションも行う。

　認知療法は，多くのパッケージ技法を用いる。このように，クライエントの問題をアセスメントした後，ゴールセッティング，認知再構成法，問題解決法，行動実験などを用いて自己効力感を高め，認知の変容の結果，自己コントロールの可能性が高まったところで終結となる。

5-4-7.　論理療法と認知療法の長所と限界

　論理療法と認知療法は理論・技法的に重なる部分が多い。自己コントロールが目標であること，比較的短期の療法であることなど多くを指摘することができる。ここでは，長所と短所およびその限界と留意点をおさえていく。

　短期療法的であることから，学校現場の限られた時間・時期に利用しやすく，効率的である。理論・技法を習得すると，取組みやすい。

　クライエントの認知を理解し，ビリーフやコアビリーフ，自動思考やスキーマを探し出す作業と，作業を協働で行っていくモチベーションが必要となる。カウンセラーとクライエントが，その理解力とモチベーションを持ち合わせていない場合は難しい。

認知行動カウンセリングは，単一の理論や技法ではない。新たな視点を加えながら絶えず進歩し続けている。学習理論的観点により，複雑な問題の整理や分析が客観的にとらえやすく，教育現場では，評価され，使いやすい技法が多く利用されている。しかし，認知行動カウンセリングを実際にする場合には，状態に対する心理・社会・医学的な理解やアセスメント能力，教師としての倫理と洞察が求められる。研修やスーパービジョンを十分に受けることが必須である。

5-5. 第3世代認知行動療法へ

個人の認知フレームが，不適応事態を生じさせることを解消するため，認知の変容に焦点を当てた第2世代認知行動療法は，大きな壁に突き当たることとなった。

大きな壁とは，生まれた環境により長年培われてきた個人に認知フレームの変更が短期間には容易ではない事実である。

その結果，認知の再構成が滞ると，「自分は，やはりだめだ」「カウンセリングを受けても変化できない自分は，もうおしまいだ」など，さらに不適応観を強めてしまうのである。

第3世代は，そこに対するアプローチを取り入れ，苦悩を抱えながらも，そこまで生きてきた自分を，追い詰めることなくマインドフルに，あるがままに受け入れアクセプタンス（受容）し，味わうことによって，問題の存在の意味，自分の生きている意味，すなわちメタ認知をすることを技法としている。その人を取り囲んできた環境的文化に依存する宗教観，スピリチュアリティ的帰着をさせる必要があり，マインドフルネスは，仏教における瞑想を取り入れている。

今や第3世代認知行動療法は，約120年前に宗教からの離脱を企図し，科学的な臨床心理学理論を構成したフロイトの精神分析学が成立して以来，再び，120年後，適応支援のために，宗教観の個人的認知的側面である，スピリチュアリティ的要素を融合し始めたのである。今日では，個人が文化的に依拠する

宗教，キリスト教，イスラム教，ヒンズー教，ユダヤ教などの教義を用いる宗教と科学的臨床心理学理論の併用によるカウンセリング臨床研究が増加傾向にある。

　宗教が適応に及ぼす影響は，この文脈からも裏づけられる。

　なお，第3世代認知行動療法について詳しくは第1章1-2-4.を参照のこと。

第6章　事例研究：女子高校生の過食行動に対する認知行動的セルフモニタリングカウンセリング

―「正しいことは，報われる」「何かに見守られている」認知の出現による安定化―

　本章は，食行動異常（過食行動）をもつクライエントに対してコラム法を用いた認知行動的セルフモニタリングカウンセリング・心理教育を実施し，モニタリング認知の変容を企図した事例研究である。

　女子高校生である過食傾向クライエントに対し，学校カウンセラー（学校外部より週1回面接）がコラム法を用いた認知行動的カウンセリングを，養護教諭が保護者とのカウンセリング（親子並行面接）を行い，保護者には食生活について協力を得た。このように，生徒支援をチームで行った。クライエントの認知行動的セルモニタリングの把握と行動変容を，モニタリング認知の視点からコラム法を用いた協働作業を繰り返し行うという継続的アプローチの結果，適応が促進された。

　当初「私は何をやってもダメ」「必ずできなければならない」「失敗する私は，意味が無い」というところから，カウンセリングやホームワークにより，できている点に焦点を当てることで認知変容が生じ，適応が促進されるにつれ，コアビリーフにおける「努力は必ず報われる」「誰も見ていないと思っても，必ず何かが見守っていてくれる」「正しい行いを続ければ，自分は守られる」などの，宗教的認知の表れが，安定化に貢献し，次第に言語化され。自己肯定感が強化されることとなった。

6-1. 青年期食行動異常への支援

　厚生労働省（2011）は，中学生女子の約2%，男子の0.2%が，心の問題に対

応できる専門家の指導・治療を必要としている食行動異常であることを明らかにし，食行動異常が思春期から青年期の若い女性だけではなく前思春期の児童，さらには男性へ広がりをみせて増加し，病態も多様化していることを指摘している。予備軍はこの数倍存在していると予想され，過度な食事制限は，成長期の中・高生に悪影響を与える。

社会文化的瘦身賞賛や，ダイエット風潮などが，子どもを危険にさらしている可能性が高く，「拒食症につながりかねない瘦せることを目的にした行為（直近4週間に2回以上）」では，「下剤を使った」は女子1.1％，男子0.7％，「口に手を突っ込むなどして吐いた」は女子1.4％，男子0.9％，「食事を抜いた」は女子3.6％，男子2.6％。一方，過食症へ移行する恐れのある「むちゃな大食いを直近4週間に8回以上した」のは女子3.5％，男子1.3％などの傾向も目立つ。

また，食行動異常が摂食障害[1]へ移行した場合，生死に直結する事態に至る場合もある。食行動異常は，本人に自覚がなく，改善へのモチベーションも希薄なため，指導・治療に繋げることは極めて難しい。自らの心と身体・環境の重篤な危機状態に陥る前に，児童・生徒・学生に食習慣の在り方を実際に教える予防策や，早期対応，専門機関によるサポート体制の充実が求められている。

現在，このように，極端な食行動異常が長期に継続した場合，心身の発達にさまざまな悪影響を及ぼすことが経験的に明らかにされている。食行動異常の好発期である青年期を対象とする予防的対応・早期介入が求められている。

食行動異常から摂食障害や摂食障害ハイリスク群に移行する心理的・行動的特徴を有する青年期群が少なからず存在し，予防・支援に関する基礎的研究や基礎的研究に基づいたエビデンスベースト・アプローチが求められている。

生物学的要因としては，脳のセロトニンとドーパミン，オピオイド（鎮痛系）に障害があるという研究，レプチンやグレリンという摂食に関連するペプチドホルモンに関する研究，思春期発症が多いことから自己免疫機序に関する研究

---

1) 摂食障害（Eating disorder：ED）は，中枢性摂食異常症とも呼ばれる。食行動の重篤な障害を呈する精神障害の一つであり，厚生労働省により難治性疾患（難病）に指定される。極端な食事制限や，過度な食事量の摂取があり，健康にさまざまな問題が引き起こされる。拒食症や過食症などの総称。心理的なストレスをともなう。

がある。脳画像による解析は多く報告されているが，その病態の原因を特定するには未だ至っていない。最近では脳由来神経栄養因子 (BDNF) の関与も注目されている。薬物療法に関する研究では，低体重・低栄養を呈する者へ抗うつ剤に関するエビデンスは限定的である (厚生労働省，2013)。医療的アプローチにおける薬物療法の効果は明らかにされているが，症状の軽減を示すのみであることが多く，併用される個別の心理的アプローチは非常に重要となる。

　食行動異常を拒食行動と過食行動に大別すれば，心理的アプローチによる予後が比較的良いとされる過食行動[2)]の心理臨床的特徴として，体重変動の大きさや身体感覚への気づき・認知の欠如など，顕著な心理的バイアスの存在がある。

　過食行動へのネガティブ認知を，予防的対応・早期介入の観点から食事の質を高め，経験的気づきを回復し，心理的課題を解消していく認知行動療法カウンセリングの有効性が経験的知見となっている (山﨑，2012)。認知行動療法カウンセリングの目指すゴールは，認知の歪みを修正・消去し，未習得スキルは新たな認知学習で習得し，行動・感情・身体の関連を適応させていくことである。

　認知行動的セルフモニタリングを心理教育し，認知再構成法[3)]によって，より適応的認知の枠組みを獲得していく。心理教育による日常的トレーニングを積み重ねることにより成功体験を継続的に経験し，最終的に，クライエントの自己効力感を向上させ，自己コントロールできるようにすることがゴールである。

　過食行動に対する自己コントロールを可能にする心理教育を介入スキルとするところが，認知行動療法カウンセリングの強みである。

　さらに，認知行動的セルフモニタリングが過食傾向に与える影響は，「モニタリング認知」の低さと関連していることが明らかとなった。「環境モニタリ

---

2) 摂食障害のうち過食行動・大食症は「むちゃ食い」を繰り返し，隠れ食い，盗み食い，拾い食い，気晴らし食いや，残飯あさりなど大食した後，気分が落ち込むうつ状態になり，不安，葛藤，絶望感，自己卑下などの感情が強くなる。大食後に吐いたり，下剤を使用したりする事例では，極端に太らない。拒食と異なり，病識があり，そのため心理的支援が可能となる。
3) 認知再構成法は，心理的動揺時に即座に浮かんでくる自動思考 (automatic thought) に注目し，現実と対比しながら，その歪みを明確にし，問題に対処し，不安などの気分を軽減したり，非適応的な行動を修正したりする，認知行動療法の基本的な手技である。非機能的思考記録法を用いることが多い。

ング」や「行動モニタリング」の在り方ではなく，自己の感情や身体を自己覚知することの在り方が重要であることを示唆している。自らの気持ちや身体の状態を受け止め理解し把握している場合，自分でコントロール不能なほど過食に陥らないことが推測され，逆に，過食傾向の高さは，自分自身の感情や身体を把握することが困難である状態を意味している（山﨑，2012）。

　認知行動療法が過食傾向に効果的なアプローチであることの知見が多いのは，正に，感情や身体状況の把握により自己理解の認知枠組みの再構成を目的とした心理教育をするところに依拠していることがここでも補強される。

　認知行動療法におけるカウンセリングの過程は，まずクライエント自己内に形成されている枠組みを，認知行動的視点からカウンセラーと協働で，認知行動的セルフモニタリングの仮説モデル（Figure16）に基づいてアセスメント[4]を行うことから始まる。クライエントの環境と個人の信念や価値観，認知行動的セルフモニタリングなどの認知スタイルに注目し，不適応状態に陥っている悪循環を発見していく。次に，アセスメントに基づき面接のプログラムを立案する。カウンセラーはカウンセリングプログラムの過程で，心理教育をクライエントに実施し，課題を提示し，体験実施および宿題（ホームワーク[5]）を，繰り返していく。その際，アセスメント，ゴールセッティング[6]，プログラム，ホームワーク，強化，消去，般化など，クライエントの状態に応じてプログラムの修正を柔軟に適切に変えていく。技法としては，筆記法[7]，モデリング，ソーシャルスキル訓練，自己コントロール，コラム法[8]，認知再構成法，問題解決法，行動実験

---

4) アセスメント（査定）は，臨床心理学においてカウンセリングアプローチを効果的にするために，クライエント（来談者）の主訴内容である不適応状態の内容の原因や問題点を明らかにし，その問題を解決するために具体的な処方（治療の理論や技術）を使用するかを判断する過程を意味する。

5) 認知行動療法では，宿題（ホームワーク）が提案される。カウンセリングの効果を，般化するためのものであり，心理療法が週1回，あるいは隔週などで実施されている面接のあいだにクライエントが課題を実践することで，問題解決が強化される。

6) ゴールセッティングは，認知行動療法における面接目標設定を意味する。クライエントと協働作業により，達成可能な目標を適時策定していく。

7) 筆記法とは，認知行動療法におけるエビデンス・ベースト・カウンセリングの一技法として，筆記することによる自己の外在化と，変容の記録，経過確認などの目的がある。

8) コラム法とは「非機能的思考記録法」「思考バランスシート」などと呼ばれる。認知・行動・感情などの外在化を行い，変容を客観的にとらえる筆記法の一技法名。

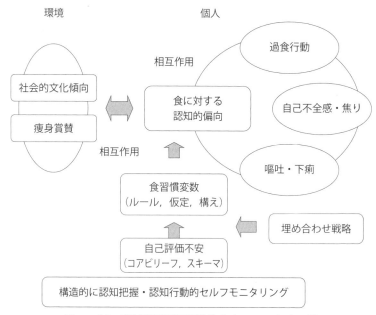

環境　　　　　　　　　　個人

社会的文化傾向

痩身賞賛

相互作用

相互作用

過食行動

食に対する
認知的偏向

自己不全感・焦り

嘔吐・下痢

食習慣変数
（ルール，仮定，構え）

埋め合わせ戦略

自己評価不安
（コアビリーフ，スキーマ）

構造的に認知把握・認知行動的セルフモニタリング

Figure16　事例適用認知行動的セルフモニタリング

等，効果の実証されているパッケージを事例に応じて体系的に用いる。認知行動療法の実施に至るまでは，これらの概念がカウンセラーとクライエントの間で共有されることが重要でエビデンスベースドの視点からのトレーニングが求められる。そこには教示的要素が強く含まれるが，協働作業であるという認識が必須である。

　カウンセリング場面だけではなく，日常生活において認知行動的セルフモニタリングを実施し，認知変容による行動変容へ繋げ，自己効力感が向上し，セルフカウンセリングが可能になった段階で終結となる。適切な認知行動的セルフモニタリングの習得がカウンセリング成功の鍵となる。

　具体的には，コラム法，筆記法等を用い，カウンセリング場面で，イベント（出来事）が生じたとき，自らの心に生じた気持ちを追想記述し，カウンセラーと共有し，その生起プロセスを把握する等，モニタリング認知を向上させることは，過食傾向への有効な支援方法となる。

また，モニタリング認知の向上のために，日常，過食傾向の高いクライエントへ，自分の行動と気持ちの関連を心理教育し，自己理解，セルフモニタリングができるように援助していくことも，食行動異常への移行の予防となるであろう。

　学校現場においても，エクササイズやホームワークで，心理教育によるモチベーションの向上，および認知・感情・身体反応・行動の関連を認知させていくことの重要性が示唆されている (山﨑，2012)。

　しかし，学校教育相談の枠組みの中で，これらを継続的に実施するには，構造を含めていくつかの困難さが存在している。進学・就職までの時間的制約，フォローアップ面接の困難さ，強化のあり方，学校における支援チームのあり方，保護者との連携など。また，クライエント自身の面接に対する動機づけの低下によって，中断することも珍しいことではない。

　ここでは，クライエントの面接に対する動機づけを，認知行動カウンセリングの文脈による心理教育により向上させ，その後，養護教諭，学校カウンセラー，保護者の連携を形成し，行動変容への支援を継続し，過食行動の減少に至った事例を検討していく。

　具体的には，学校カウンセラー (筆者：学校外部より週1回面接) が，コラム法を用いた認知行動カウンセリング，養護教諭が，保護者に対するカウンセリング (2週に1回面接) を行い，この親子並行面接により，食生活への支援と，認知変容・行動変容支援の連携を実施した。

　本事例研究の目的は，過食行動への認知行動的セルフモニタリングの心理教育，モニタリング認知支援介入によるクライエントの認知行動的セルモニタリングの理解・把握と変容を，コラム法の視点から検討を行い，過食行動適応支援のプロセスを通じて「自己評価不安」から「安定的スキーマ・コアビリーフ」への変容を考察することである。

　なお，事例のプライバシーを保護するため，許諾の上，個人情報に関する部分の改変を行った。

6-2. 青年期食行動異常への具体的心理支援事例

6-2-1. 過食行動の事例

A子・女子・高等学校3年生・X年11月・教育相談室来室。

6-2-2. 主 訴

進学大学決定(AO入試)以降，気がついた時，むちゃ食い，後悔，イライラ，人と付き合うと疲れる。自分に対する自己評価が極めて低い。過食行動は悪化している。

6-2-3. 過食行動の経過

① 同居家族：両親・兄・4人家族

② 中学3年から過食が時々見られた。中学校のスクールカウンセラー(学校外部から週1日)へ相談したが，今考えるとカウンセラーはフンフン聴くだけで何もしてくれなかった。月1回の面接を中学卒業まで継続。

③ 中学卒業まで上位成績，進学高校へ入学。

④ 友人関係において遠慮しすぎる傾向。
　高校2年2学期から過食傾向が強まる。保護者とともに高校の保健室養護教諭へ相談。

⑤ 過食後，嘔吐，罪責感，自責感，食事摂食欲の低下，そして過食を繰返した。

⑥ 学校医による診断：DSM-Ⅳより神経性大食症排出型。

⑦ 大学進学決定後，大学生活へ期待する反面，不安が強まる。親から離れての生活への不安，集中力の低下，イライラ感，大学入学前に改善したい。

⑧ 保健室養護教諭から紹介，高校3年3学期に学校カウンセラー(学校外部より週1回)と教育相談室での面接開始。

6-2-4. 過食行動への認知行動的支援

　当初，保健室の養護教諭にA子からの相談があり，保護者とともに数回養護教諭による相談がもたれた。養護教諭の紹介で教育相談室に来室した。

　過食行動に悩むクライエントが，大学入学前に改善したいという意欲が高く，養護教諭から学校カウンセラーへつなぐことの申し出を保護者およびA子は快諾し，その結果，教育相談室に来室に至ったものである。

　養護教諭に対する保護者およびA子の信頼は高く，保護者面接は養護教諭，A子面接は筆者が担当する，親子並行面接を行った。

　面接終了後，養護教諭と筆者は，A子の状態を共有し，保護者の協力の在り方を検討した。その検討の結果は，次回の面接において，保護者およびA子に，積極的フィードバックを行い，クライエントの面接への動機づけ強化と根拠のある現状把握を促進させることを企図した。

6-2-5. 初期面接の結果

①　大学入学により親元から通えないために一人暮らしとなる。卒業までに改善したい。クライエントの来談動機づけが高い。

②　中学校からカウンセリング面接を受けた経験があり，カウンセラーとのラポールが比較的短期間に成立。

③　現在，自宅からの通学生であり，食生活に関する家族の支援が得やすい環境にある。その環境にあるうちに成功体験を重ねるための介入が必要。

④　A子には，認知行動療法に対するカウンセラーとクライエント間の共通理解，および心理教育やホームワークができる能力が十分にある。

⑤　心理教育の結果，認知行動療法カウンセリングを継続していくモチベーションを面接過程で確認・合意できた。

⑥　ホームワークによって，環境モニタリングと行動モニタリング習得後，モニタリング認知を実施し，自己覚知を促進する。

　本事例においての面接方針は，ラポールを十分に形成した後，常にアセスメ

ントを養護教諭と共有しつつ，保護者の協力を得ながら，A子の状態に沿って認知再構成法であるコラム法を用いた認知行動的セルフモニタリングカウンセリングを行うこととした。

6-3. 支援の経過

6-3-1. 面接の流れ

(1) 第1期（1〜5回）

　教育相談室での学校カウンセラー面接は週1回。この時期は，認知行動に関する言葉は用いず，A子および保護者とのラポール形成を目的とした。同時に保護者の協力のもとに，A子自身が自らの状態を理解し，過食行動を巡る実態を筆記法によって記述し，エビデンスを残し，時系列的に把握していくことを行った。

【初回面接】

　保護者および養護教諭とともにA子が教育相談室へ来室，4人での面接。A子は，学校カウンセラーに対して自らの問題歴を淡々と話し，また，大学進学が決定し，親元を離れて一人暮らしが始まる大学入学前までに，症状を改善したいと思っていると強い動機づけを示した。

　そのためには，A子の動機づけを維持し，保護者，養護教諭そして学校カウンセラーが連携してA子の過食行動の改善を目指して面接を継続することの必要性を共有した。正に「面接のゴールは，過食行動の改善」であるとして，全員で確認し合い，動機づけを共有した。

　過食行動の症状説明として，過食行動後の嘔吐・罪責感・自責感による食事摂食欲の低下，その反動としての過食行動，以上の繰り返しが悪循環になっている場合があること，今の罪悪感・自責感は過食行動の繰り返しの結果であることを示唆した。繰り返しから抜け出す方法は，日常の食事習慣の改善が最も近道であることを説明した。

　学校カウンセラーは，保護者の協力のもと，A子に1日3食，定時に食事を

Table24　日常活動表（活動と気分）

(環境・行動セルフモニタリングホームワーク例)

時刻	予定	日曜 実際（満足度：0〜100）	予定	月曜 実際（満足度：0〜100）
7時	起床 支度 朝食		起床 支度 朝食	起床（40） 登校支度（50） 家族と朝食（50）
8時	高校		高校	
9時		起床（10） 一人で朝食（10）		授業参加（40）
10時				

する習慣をつけることを支援し，ホームワークとして日常活動表（活動と気分）（筆記法：時系列的把握）を渡して毎日の記録をつけることを提案し，合意がなされた（**Table24**）。

　また，次回からはA子の面接は，学校カウンセラーが担当（学校外部より週1回），保護者面接は，養護教諭が担当し（2週1回），連携を取りながら支援していくこととした。

【第2回面接以降】

　1週間後，A子教育相談室来室。ホームワークの日常活動表（**Table24**に例を示した）を見ながら面接を進めた。

　保護者とともに1日3食を摂取しようとする努力が見られた。3食摂取時間外のスナック菓子等の間食がみられ過食行動につながることもあった。

　A子は，日常活動表を書くことによって，規則的なリズムがわかったこと，「記録表に記入するごとに，絶対なおしたい気持ちがわいてきた」と話した。

　学校カウンセラーは初回面接時と同様の過食行動に関する解説を繰り返し，日常の食事習慣の改善，規則正しい1日3食が最も近道であることを説明した。

　また，1日3食摂取に関する努力を評価し，日常記録表への几帳面な記入を褒め，次回は，日常活動表に気分に関する0〜100の評価点を記入することを提案した。これは自らの気分の外在化・意識化を促進する目的で行った。セル

フモニタリングに関して重要な作業である。

その後の面接で，過食行動に関して僅かでも減少している点があれば評価し，頻度が減少し始めていることをA子と常に確認をして努力の継続の動機づけを高めた。

その後，食事時の気分の評価点が上昇し，自責の念が減少し，過食行動がさらに減少していった。第5回目の面接時，過食は週に3回～4回へ減少していった。

「ご飯が時々美味しくなった」など肯定的な評価が出現。一方で，「時々，元に戻るのではないかと不安がよぎる」と話す。日常活動表（活動と気分）を振り返り，着実に過食回数が減少したことを確認させ，動機づけの維持，自己効力感の向上・促進をはかった。

（2）第2期（6～12回）

教育相談室での学校カウンセラー面接は（学校外部より）週1回。保護者面接は保健室で養護教諭が2週1回。

第1期において，ラポール形成と状態把握の深化が見られたため，この時期は，認知行動カウンセリングに関する言葉を用い，認知行動的セルフモニタリングのモデルを呈示し図式的に説明を行った（**Figure16**）。

その後，認知再構成を用いたモニタリング認知の変容の重要性を説明し，コラム法を用いたホームワークを実施。

同時に保護者の協力のもとに，A子自身が自らの状態を理解し，過食行動を巡る実態を筆記法によって記述し，認知の修正を目指した。

【第6回面接】

過食行動が減少し1日3食が徹底された。認知行動カウンセリングの言葉を用いて，A子に次のホームワークの提案を行った。

過食行動後に自責感が生まれ，そこからの逃避により過食行動を再発させていく悪循環についてA子は説明を学校カウンセラーから何度も受け，そのメカニズムは納得している。過食行動後に自分を責めるのではなく，別の思考ができれば気分も改善するのではないかとの説明を加え，環境や行動のモニタリ

Table25　5コラム法による思考記録表

（環境行動セルフモニタリングとモニタリング認知　ホームワーク例）

日付	状況	不快な気持ち	自動思考	合理的反応	結果の気持ち
		強度 (0〜100%)	確信度 (0〜100%)	確信度 (0〜100%)	強さ (0〜100%)
1月 X日	過食した	罪悪感 　　（100%） 混乱 　　（80%）	止められない 　　　　（100%） どうなっていくんだろう　　　（100%）	時間がたてば，そのうち止まる　　（40%） ジョギングすると少し落ち着く　　（20%）	罪悪感 　　（80%） 混乱 　　（70%）
2月 X日	過食した	罪悪感 　　（50%） 混乱 　　（40%）	量が減った良くなっている　　（100%）	努力すれば報われる 　　　　　　（30%） 正しい行いを続ければ，自分は守られる　（25%） 誰も見ていないと思っても必ず何かが見守っていてくれる　（30%）	ほとんど減少

ングと，自らのモニタリング認知を扱うコラム法のホームワークを提案した。過食行動直後に生じる不快な気持ち，そしてその強度評定％数値，そしてその時，頭に浮かんでいる考えである自動思考を記入する（筆記法），そして他の考え方，その結果の気持ちなどを5コラムにするホームワーク（**Table25**に例を示した）を提案した。

【第7回面接以降】

　A子は過食行動後，罪悪感100％，混乱80％，自動思考に「止められない（100％）」「どうなっていくんだろう（100％）」に対して，合理的反応に「時間が経てばそのうち止まる」「ジョギングすると少し落ち着く」と記載されているように思いなおすことによって，結果の気持ちとして罪悪感（80％），混乱（70％）へと不快な感情の強さが80％〜70％台へと若干減少していた（**Table25**）。

　さらに，学校カウンセラーに，頑張ることをしていれば「努力は必ず報われる」「誰も見ていないと思っても必ず何かが見守っていてくれる」「正しい行いを続ければ，自分は守られる」などのスキーマを言語化するようになり，これらのコアビリーフの自覚化が心理的安定に貢献し，徐々に自己肯定感が強化さ

れることとなった。

　同時に，日常生活記録表に記載されている過食行動の頻度を確認することにより，面談を開始してから過食行動は実際減少していることを共有し，「止められない」「どうなっていくんだろう」の自動思考は「明らかに改善している」「このまま続けていけばいい方向へつながる」「努力すれば結果は必ず良くなる」と自動思考の変更を行った。

　筆記法で記録が蓄積され，常に改善に，一進一退があっても，全体的には改善していることのエビデンスを共有することによって，自動思考とともに別の視点からの考え方も次第にできるようになり，漠然とした過食行動への不安感が減少していった。

　クライエントの自己効力感の向上が見られしばらく自分でやっていけそうだとの言葉を持って，保護者・養護教諭と同意のもと終結とした。

　最終的に，卒業まで1回のフォローアップ面接がもたれたが，来談時に比較して「状態は悪くなっていない」「自分は見守られている」とのことで卒業を迎えた。

6-3-2. モニタリング認知の変容

　面接は，ラポール形成を行いつつクライエントのアセスメントを実施し面接方針を決定する。

　次に，目標としてのスモールステップを，カウンセラーとクライエントの合意のもとで設定する。

　3番目に「クライエントとの合意・共有事項」を確認しながら心理教育を実施し動機づけを高める。

　4番目に「ホームワークとしてのセルフモニタリング課題」を継続させ，認知行動的セルフモニタリングを般化していく。

　最後に，自らスキル習得による問題行動の改善が見出された後，自己効力感向上の確認を持って終結となる。

　ここでは，面接の開始から終結までの経過を，第1期のラポール形成から動

機づけ向上，環境と行動モニタリングにつながる心理教育的アプローチの時期と，第2期の認知再構成法（モニタリング認知の変容）の時期にわけて，その改善要素を記述し分析していく。

(1) 第1期(1〜5回)：ラポール形成・動機づけ・心理教育的アプローチ

・ゴールセッティング

　カウンセラーは，クライエントに対し，食行動を含む一連の不規則な行動の修正，食生活を規則正しくすることが一義的に重要であることを呈示し，いくつかの過食傾向に関する典型事例をクライエントに示し，改善事例モデルを知ることによりモチベーションの向上を行った。心理教育の開始。

・クライエントとの合意・共有事項

　①改善したい問題をリストアップし共有した。

　②具体的な，行動レベルの解決方法を探索し，難解な認知行動療法の言葉は最初には使用せず，クライエント自身が受け身ではなく，解決に向けて積極的に関わる必要性が常にあることを共有した。

　③徐々に出来る範囲で進めていくこと（スモールステップ）も合意した。

　④クライエントがセルフモニタリングの導入として，クライエント自身に生じている過食傾向症状のメカニズムを理解することがまず重要であることを知る支援を実施した。具体的には，集中力低下やイライラ感は過食傾向行動と関連があり，その時の環境モニタリングと行動モニタリングの後に，そこにおける自らの感情の変容をモニターできることが重要であることを共有した。

　⑤カウンセリング場面だけではなく日常生活の中で，セルフモニタリングすることの重要さを共有した。そのために，カウンセラーとの面接時だけではなく，日常的にそのモニターをできるようにすることが必要であり，セルフモニタリングのための課題を共有した。

・ホームワークとしてのセルフモニタリング課題

　「日常活動表」(Table24)を記入すること，また，1日3回定時に食事をすることを家族の協力のもとに約束した。

心理教育において，自らの行動をコントロールできる感覚を強化するために，まずセルフモニタリングおよびそこに付随する感情を筆記法にて記述することにした。

　その結果，日常活動表（活動と気分）に記入することにより自分の置かれている環境と行動を客観的に振り返り，筆記法によって記述された内容を，カウンセラーと共有することにより，行動モニタリングと環境モニタリングおよびそこの付随する自己の感情をとらえることが深化された。

　その後，コントロール可能な時間的物理的枠組みを整え始め，生活が規則正しくなることにつながったこと，クライエントから第5回面接終了時に「なんか，今度は良くなりそうな感じ」になってきたことが伝えられた。

(2) 第2期（6回〜12回）：認知再構成法（モニタリング認知の変容）

・ゴールセッティング

　過食後の認知再構成（モニタリング認知の変容）ができるようになるゴールセッティングを行った。

　過食行動に付随するモニタリング認知が，強迫的ビリーフとなり，過食後の嘔吐，罪責感，自責感，食事摂食欲の低下を繰り返すことに影響を与えていることの心理教育を行いメタ・コミュニケーションの中で共有したことを確認した。

　認知行動的技法について図式的に解説した（**Figure16**）。過食後のモニタリング認知を行い，セルフアセスメントの後，モニタリング認知をより適応的な認知へ変容させるための論駁を行い，論駁の結果の認知を変容させることに成功した場合，過食後の気分も変化することを，他のケースをあげて具体的に例示した。

・ホームワークとしてのセルフモニタリング課題

　前回の課題である環境モニタリングと行動モニタリングにモニタリング認知を加えた思考記録表を，イベント発生時に記入することを課題として呈示した。

　不快な感情が喚起された状況と，不快な気持ち，自動思考，合理的反応，結果の気持ちを記入。自動思考について認知再構成法としての「5コラム法によ

122

る思考記録表」(Table25)を新たな課題とした。

　心理教育において，モニタリング認知への気づきが見られ，自動思考の存在をホームワークに取り入れた。モニタリング認知の論駁を実施して，合理的反応を導き出す課題を継続している過程で，食行動異常の頻度が減少していることを確認，共有した。

　モニタリング認知の変容により，過食後の不全感を減少させる行動が意識的に増加し，その成功体験により結果の気持ちを評定する％数値が上昇し，同時に食事時の気持ちを評定する％数値も上昇し，不全感の減少が見られた。

6-4. 「誰も見ていないと思っても，必ず何かが見守っていてくれる」「正しい行いを続ければ，自分は守られる」など言語化の意味

　認知行動的セルフモニタリングは，状況や自己のさまざまな側面について選択的に注意を向け，情報を収集することであると定義し，ゴールは，心理教育による認知行動的セルフモニタリングを行い，認知再構成を可能にして，自動思考，認知，認知スキーマ（コアビリーフ），行動，感情の変容をもって症状改善をはかることである。

　過食行動に際し自己の状態に対する認知は，自分の内的状態の認知覚知が難しい傾向と関連している。自己の感情覚知に乏しい傾向は，自己の内面や行動を内省的に振り返ることを阻害し，過食行動の悪循環を継続させる要因となる。自己の状態を適切にモニタリングすることをカウンセリング過程において，エビデンスに基づいた心理教育により実感させていくことが重要である。

　このような行動の自己調整においては，行動的側面をモニタリングするだけでなく，モニタリングされたことを認知する，内省的な意識過程を認知していくモニタリング認知が大きく影響している（山崎，2012）。

　熊野ら（1996）は，心理的教育，セルフモニタリング，認知再構成法も治療全体の中で一定の役割を果たした可能性があり，実際これまでのところさまざ

まな認知的変数がどのように摂食障害の発病や憎悪につながるのかという点はほとんど明らかにされていないと述べていたが，正に心理教育の結果として認知的変数としてのモニタリング認知が，行動変容に明らかな影響を与えている本事例が，それを明らかにしたといえよう。

　さらに，本事例の改善要因として3点をあげるとすれば，まず第1に，クライエントの症状改善意欲の高さがあげられる。認知の枠組み変容には継続的なトレーニング（ホームワーク）が求められ，モチベーションの高さが求められる。そのモチベーションを有していたことが非常に有効であった。

　第2に，クライエントの自己理解のための能力が認知行動的セルフモニタリングに関する心理教育に適応するレベルにあったことは必要条件であった。

　第3に，認知再構成法において，コラム法をバージョンアップしながら環境モニタリングと行動モニタリングを習得し，その媒介となっている，モニタリング認知へつなぐことができた点である。さらに学校カウンセラーに，頑張ることをしていれば「努力は必ず報われる」「誰も見ていないと思っても，必ず何かが見守っていてくれる」「正しい行いを続ければ，自分は守られる」など，の宗教的スキーマを言語化するようになり，これらのコアビリーフの自覚化が心理的安定に貢献し，徐々に自己肯定感が強化されることとなった。

　熊野ら（1996）は，さまざまな認知的および行動的変数間の因果的連鎖の中で「自己評価に関する信念」が決定的な役割をしていると述べている。すなわち「自己評価に関する変数」のうち，大きな位置を占めているモニタリング認知を変えることができれば，極端な行動といった症状を含む他の変数も変えることができる可能性があり，本事例における介入の有効性は，その可能性を支持したこととなった。

　過食行動に認知行動療法を適用するための科学的根拠を十分に確立するためには，さらに多くの関連ある研究の遂行が必要であるが，本事例はそのモニタリング認知変容の効果の重要性を示す根拠を提供することとなった。

6-5. 心理教育の必要性

　本事例は，A子を取り囲む環境において，養護教諭・保護者との信頼関係が高く，継続的に卒業までの期間に良いコミュニケーションがとれ，ゴールに向かっての支援が効果的に機能していた点は，きわめて適応改善に大きな要素となっている。中心的なビリーフとして「努力すれば報われる」「何かに見守られている」などの宗教的認知は，行動の成功から由来する学習としての心理教育の必要性を示唆していた。

　学校カウンセラーが，そのすでに形成されていた信頼関係のもとでA子に対するこのような認知行動カウンセリングを行えたことが短い時間での成果につながったと考えられる。同時に，A子の症状改善意欲は高く，同時に自己理解に関する感受性の強さ，能力の高さもあり継続的に，認知行動的セルフモニタリングが実施できたことも重要な点である。

　学校教育相談において，生徒への支援体制・連携の在り方，生徒の能力や症状改善への動機づけなどに応じた，心理教育に関するアプローチの選択は，今後ますます多様化していくだろう学校教育を取り巻く内外の環境において，個に応じたさまざまな支援形態を提供できる学校教育相談担当者の存在が期待されている。

第7章　宗教の認知行動的適応支援への提言
―まとめとして―

　近年，宗教観を，臨床心理学的に適用することが，欧米で盛んである。その臨床心理学理論における最新のものに第3世代認知行動療法がある。マインドフルネス認知療法（Mindfulness based cognitive Therapy：MBCT），アクセプタンス＆コミットメント・セラピー（Acceptance and Commitment Therapy：ACT），宗教認知行動療法（Religiously Integrated Behavioral Therapy：RIBT），弁証法的行動療法（Dialectical Behavior Therapy：DBT）などがその代表のいくつかである。そこでは，適応に対する心理支援は，客観的科学的アプローチのみではなく，個人的文化的背景にあるリソースとしての宗教の適用を併存させることにより，心理治療が促進されていくことが強く支持されている。

　しかし，欧米における臨床的知見は増加しているが，日本においては，宗教やスピリチュアリティに対する受容力が，社会的に弱い傾向があり，日本独自の文化的環境であるその視点における研究が少ない。むしろ，怪しいもの，胡散臭いもの，関わりたくないものなど，否定的印象を宗教に対して抱く場合も少なくない。一方，日本における宗教やスピリチュアリティに関する集団的組織的活動に対するそのような傾向とは別に，個人的な宗教やスピリチュアリティ的行動は日常に多くの要素が溶け込んでいるのも事実である。年末年始の初詣，神社仏閣における祭り，クリスマスイベントなど多くあげることができる。

　本書の意味は，4つある。

　第1に，現代の日本における宗教観の構造（宗教に対する否定的側面と肯定的側面など）を明らかにし，宗教観構造が，社会適応や自己の成長に与えている影響を実証的に明らかにすること。

　第2に，宗教観の肯定的側面の構造を検討し，個人的な自己信頼感や幸福感

などのいわゆる認知的適応と行動的適応に与える影響を明らかにすること。

第3に，宗教観の肯定的側面が，不適応状態に与える影響を明らかにすること。

第4に，宗教観の肯定的側面からアプローチする認知行動的セルフモニタリングの変容を用いた認知行動療法の事例研究によってその適用を検討すること。

日本における，その宗教観の分析と，宗教観が臨床心理学的に適応され効果を上げることの客観的エビデンスを得るため，認知行動的セルフモニタリングの枠組みにおける宗教観による個人の「適応感」「感情」「行動」「認知」の関係を明らかにし，宗教と心理支援の併存する効果的具体的在り方に提言していくものである。

7-1. 宗教観と認知行動的セルフモニタリングモデル

7-1-1. 全国的宗教意識調査から得られた知見

過去20年以上も実施継続されている全国的な宗教意識調査（井上，2018）（文化庁，2015）（統計数理研究所）（読売新聞）などを検討した。その結果，各調査における4つの共通点が確認できた。

第1に，「宗教を持っているか」「信仰がある」「宗教を信じているか」などの質問には，「持ってない」「信じていない」と回答するものが過半数であり，60年，40年等の長期にわたり，ほとんどその傾向は，変動していない。

第2に「特定の宗教，今までの宗教」にはかかわりなく「宗教心」「宗教的な心」は大切であるとの質問には，過半数が「大切である」と回答する。この傾向は，40年間，過半数を維持している。

第3に日常生活において「盆や彼岸にお墓参りをする」「正月に初詣をする」などの行為は，過半数の回答者が「行っている」と回答している。各々1980年は70％・56％であったが，2008年は78％・73％へと割合が増加している。

第4に「宗教を信じるか」の質問に対して，世代比較を行うと，70代以上が44％と最も高く，最も低いのが20代の13％である。若年層ほど低い傾向がある。

これらの調査から，日本人の宗教観に対して見えてくるものとして，「特定の宗教は持たない」のは，決して日本人に，「宗教心や宗教観が存在していない」からではないという事実がある。

さらに，20歳世代とそれ以降，70歳世代の比較により，年齢を重ねることにより，宗教に対する所属感や欲求，宗教心，宗教観が高まるのは，社会経験や，人生への知見の増加により，宗教の意味などの価値を認知する傾向が強くなっていくのだと考えることができる。

本書において，日本人の宗教観の構造を客観的に明らかにするとともに，すでに社会適応を遂行し，必要とする宗教観を得ている世代を研究対象とするのではなく，むしろこれから社会適応を促進していく世代，すなわち後期青年期に位置する大学生に調査対象世代として宗教観とその適応に関する分析の焦点を当てていくこととした。

7-1-2. 認知行動的セルフモニタリングの確認

社会適応には，個人の置かれた環境をどのように認知し行動を選択していくのか，その枠組みが重要である。枠組みのどこかに歪みがあるとき，適応状態が崩れていく。個人の信念や価値観に基づく行動選択は，自らセルフモニタリングされた結果であるか否かにより，その後の行動展開に大きな影響を与える。自己内に形成されている認知的枠組みと，環境との間に存在するモニタリング認知の存在が人間の適応に大きく関わっている（山﨑，2014）。

適応支援のためには，認知行動的セルフモニタリングを心理教育し，認知再構成法などにより，より適応的な認知的枠組みを獲得していくこと，そして心理教育による日常的トレーニングを積み重ねることにより成功体験を継続的に経験し，最終的に自らの自己効力感を向上させ，自己コントロールができるようになることが適応を促進させる。

個人の認知の枠組みは個人的に与えられた文化的環境に大きな影響を与えており，自ら育った文化によって，それは大きく異なる。キリスト教文化圏，イスラム教文化圏，仏教文化圏など，各文化圏における認知的枠組みは，その行

動を大きく規定している。現代の日本においては，宗教に関するその社会的規定因として，多くの文化圏の併存，あるいは儀式的併存が有るのは周知の事実である（神道儀式，仏教的儀式，キリスト教的儀式，他）。これらの併存的現代日本における宗教と認知行動的セルフモニタリングに関する研究は少ない。

　また，心理支援（認知行動的アプローチ）実践研究の中で，支援を受けている多くの事例から，人間の生きる「意味の把握」の重要性が経験的に見出されてきている。「心の拠り所」の有無が，人生における将来の選択に影響を与えていることは，認知行動的セルフモニタリング研究によって明らかにされている（山﨑，2012）。認知行動的セルフモニタリングの枠組みとしての個人の内なる宗教と生きる意味，および行動選択に関する実証的調査研究であること，また，青年期に至る宗教に関する心理教育におけるエビデンスを提言していくことが，本書のユニークな特徴であった。

　認知行動的セルフモニタリングの枠組みは，第2章の **Figure6** に示した。環境と個人の相互関係において適応が図られ，環境をどのように「認知（自動思考・スキーマ・コアビリーフ）」し，その認知によって「行動」が選択され，「感情」が生起され，「身体」反応が付随していくモデルである（相互作用であるため，その逆のルーティンも存在する）。認知行動療法では，修正可能な，不適応を生じさせている歪んだ「認知」「行動」「環境」に，協働し適応的な「認知」「行動」「環境」へと支援していく。特に，近年の第3世代認知行動療法は，その認知の枠組みにある宗教観の個人的認知的側面，スピリチュアリティ的要素などを，科学的治療と併存させて，リラクゼーションとともに，非常に多くの効果を上げている。

　本書において，臨床的に大きな効果を上げている認知行動的セルフモニタリングの枠組みにおける宗教観による個人の「適応感」「感情」「行動」「認知」の関係を，多変量解析にてエビデンスに基づき明確化していくことの重要性が再確認された。

7-1-3. 宗教観構造「集団的組織的側面」と「個人的認知的側面」

　宗教観は，質問紙調査の因子分析により，集団的組織的側面と，個人的認知的側面に分類することができた。

　宗教観の集団的組織的側面は，「信仰のために，他に迷惑をかけても気づかなくなる」「宗教組織は，強制的である」「宗教活動は，金銭に結びつき，鋭利に陥りやすい」などの宗教に対するネガティブな項目で構成されていた。

　宗教観の個人的認知的側面は，「信仰によって，自己を内省し，反省することができる」「宗教は人の手に余る悲しみをやわらげ，救いとなる」などのポジティブな項目で構成されていた。

　次に，宗教観と，青年期の社会に対する適応感および重要課題としてのアイデンティティ確立との関連について重回帰分析を行った。その結果，「宗教を持っていない」者は，集団的組織的側面としてのネガティブ要素である宗教の排他・強制イメージが，孤立・拒絶感に影響を与えて適応を損なわせていること，個人的認知的側面としてのポジティブ要素がアイデンティティ確立に影響を与えていることが明らかになった。

　宗教集団や宗教組織には所属してはいないが，個人的認知的な宗教的行動によって，適応を促進させ，自己確立に影響を与えていることが明らかにされた。

　すなわち，宗教と適応を論ずるとき，宗教観構造の集団的組織的要素ではなく，個人的認知的要素に焦点を当てることの重要性が明らかになったのである。

7-1-4. 宗教観「個人的認知構造」としてのスピリチュアリティ的認知（信念）の構造

　宗教観の個人的認知的要素の構造を明らかにすることにより，認知的側面の何が適応への影響を与えているのかが明らかになる。個人的認知的側面を，より詳細に分析するための尺度として「スピリチュアリティ的認知（信念）」を用いた。

　スピリチュアリティに関する研究において，その定義はさまざまである。共通する点は「スピリチュアリティは人間存在に意味を与える根源的領域であり，

スピリチュアリティが生きる意味や人生に意味を見いだす根拠となるものである」(藤井，2010) ことであり，本書第2章にて明らかになった宗教観構造の一つである「個人的認知的側面」と内容的に一致し，宗教の核心的部分としての「スピリチュアリティ的認知(信念)」を取り上げた。

スピリチュアリティ的認知(信念)は，質問紙調査の因子分析により，「魂の永続性」「人生の意味」「神の守護」「因果応報」「輪廻」「心象の現実化」の因子に分類することができた。ここで，宗教観の個人的認知的側面の構造が確認された。

7-1-5. スピリチュアリティ的認知(信念)の社会的適応感への影響

宗教観の個人的認知的側面「スピリチュアリティ的認知(信念)」の要素のうち何が「適応感」に影響を与えているのかを明らかにするため重回帰分析を行った。適応感の指標として，世界保健機関(WHO)の定義に基づいた「subjective well-being(主観的幸福感)尺度」を用いた。因子分析の結果「subjective well-being(主観的幸福感)尺度」は，「自己信頼感」「満足感」「幸福感」の因子が確認された。

重回帰分析を行った結果，スピリチュアリティ的認知(信念)「人生の意味」因子が，「subjective well-being(主観的幸福感)尺度」のすべての構成要素である「自己信頼感」「満足感」「幸福感」に影響を与えていた。

スピリチュアリティ的認知(信念)における要素のうち「人生の意味」の把握が，適応感に影響していることが明らかになった。「人生を振り返ってみると，「さまざまな経験が結局は役に立っている」ことがわかります。良いことも不都合なことも，単なる偶然ではなく，何かの意味や必要性があって起こっているのです」などの宗教観の個人的認知が，適応感をもたらしていることが明らかになった。

7-1-6. スピリチュアリティ的認知(信念)の適応行動への影響

次に，行動に与える影響について検討を行った。ここでは，スピリチュアリ

ティ的認知（信念）が与える影響を検討する行動変数として，「対人ストレスコーピング」を取り上げて検討を行った。宗教観の個人的認知的側面「スピリチュアリティ的認知（信念）」の要素のうち何が，「適応行動」に影響を与えているのかを重回帰分析によって検討した。

　適応行動の指標は，ストレスの最も多い対人関係におけるストレス事態においてどのような適応的行動で対処していくのかを測定する「対人ストレスコーピング尺度」を用いた。同様に多変量解析により「対人ストレスコーピング尺度」は，「ポジティブ関係コーピング」「逃避型コーピング」「忘却型コーピング」「内省型コーピング」「リフレーミング型コーピング」「アグレッシブ関係コーピング」の要素に分類することができた。

　ストレスを低減させ適応を促進させる視点からは，「他者に好意的な印象を与え良好的な関係を築くこと」が重要で，そのような行動を選択することにより自らのストレス反応を低下させることができる（加藤，2002）。逆に，ネガティブ関係コーピングによる，他者への攻撃性は，他者からの悪意や軽視など猜疑心や不信感につながることがわかっており，さらなるストレスが増幅していく。対人ストレスコーピングのどの要素に影響するかが適応を論ずるうえで重要であった。

　重回帰分析を行った結果，スピリチュアリティ的認知（信念）要素「人生の意味」「神の守護」「因果応報」の３因子が，社会的適応力のある「リフレーミング型コーピング」に影響していることが明らかになった。

　ストレスフルな事態を自らに意味のあることに再構成し，次に資していく適応力を高めることに，スピリチュアリティ的認知（信念）の３因子が，影響していることが明らかになった。

7-1-7.　スピリチュアリティ的認知（信念）の不適応認知（歪んだ認知）への影響

　宗教観の個人的認知的側面（スピリチュアリティ的認知）の要素のうち何が，「不適応認知」に影響を与えているのか検討した。

　認知行動的セルフモニタリングの枠組み（**Figure6**）では，「認知」を階層構造

としてとらえている。表層の認知「自動思考」と，深層の認知「スキーマ（コ
アビリーフ）」が相互に影響しあうことによって，日常の不適応状態が悪循環
に陥ることで，症状悪化に影響している。ここでは，認知行動療法において不
適応認知（歪んだ認知）によって生起される「抑うつ」の個人的認知的側面の指
標として，「抑うつスキーマ尺度」を用いた。

　なお，本書の研究対象である「抑うつ」は，「うつ病」ではなく，また，ス
トレス事態に対する一時的感情状態「抑うつ気分」ではない。不適応状態と認
知行動的セルフモニタリングの関係性を明らかにしようとするために，心身の
さまざまな症状を含む身体・意欲・思考・気分の症状群としての「抑うつ傾向」
を対象に調査を行った。

　「抑うつスキーマ」は，因子分析により「他者不信」「高達成志向」「失敗不
安」「他者評価依存」「自律志向」の因子構造であることが確認された。

　重回帰分析を行った結果，スピリチュアリティ的認知（信念）における要素
「人生の意味」「輪廻」因子が，抑うつスキーマ「失敗不安」に負の影響を与え
ていることが明らかになった。

　抑うつ傾向に対する心理支援として，人生の意味の認知や，現在・過去・未
来へ続く時間的思考のスピリチュアリティ的認知（信念）が，抑うつ傾向の失敗
不安を減じる負の影響力を持つことが実証された。欧米の臨床心理学事例研究
において，個人の文化的背景にある宗教的リソースを活用し，キリスト教，イ
スラム教，ヒンズー教，仏教などの経典を朗読し，グループで，それらに関す
るテーマで話し合うことによって，自らの存在を語り合い，受容され，気づき，
認知の変容がもたらされ，行動の変容へと連なり，適応が促進されていく，第
3世代認知行動療法の経験的プロセスの一つが，本書の多変量解析において確
認された。

7-1-8. 事例研究：個人的認知的側面「スキーマ」「自動思考」変容における 宗教観

　宗教観の個人的認知的側面の「人生の意味」「輪廻」などが，「適応感」「適

応行動」「適応思考」などに影響を与えていることが多変量解析により明らか
にすることができた。次に，事例研究によって臨床的分析を行った。女子青年
の摂食障害（過食症）に対する心理支援の事例研究である。

　クライエント本人の改善意欲も高く，認知行動療法を用いて実施した。コラ
ム法，心理教育，ホームワーク，認知再構成法，ソクラテス的対話，認知行動
的セルフモニタリングなどの技法を用いた。

　初期面接時は，「私は何をやってもダメ」「必ずできなければならない」「失
敗する私は無意味」と言語化していた。

　その後，カウンセリングやホームワークにより，「できていない点」よりも「で
きている点」に焦点を当てることを心理教育し，協働していくことで，次第に
認知行動的セルフモニタリングの枠組みに変容が生じ，スキーマ（コアビリーフ）
における「努力は必ず報われる」「誰も見ていないと思っても，必ず何かが見守っ
ていてくれる」「正しい行いを続ければ，自分は守られる」などの，宗教的認
知が表出した。

　そのスキーマ（コアビリーフ）は，安定化に貢献し，次第に言語化され，自己
肯定感が強化されることなった。

　面接後半に，「努力は必ず報われる」「誰も見ていないと思っても，必ず何か
が見守っていてくれる」「正しい行いを続ければ，自分は守られる」を繰り返
し言語化することで，不適応行動が減少していった。

　宗教観の個人的認知的側面における認知変容において，不適切な歪んだスキー
マ（ビリーフ）から，適応的スキーマ（ビリーフ）の出現は，認知変容による，行
動の変容，感情の変容，自動思考の変容に影響をもたらした。

　事例研究の分析において，宗教観の個人的認知的側面が認知行動的セルフモ
ニタリングの枠組みの変容に影響を与えていることが確認された。

7-2. 心理支援における「人生の意味」の重要性

　本書で得られた知見を，認知行動的セルフモニタリングの枠組みに示した概

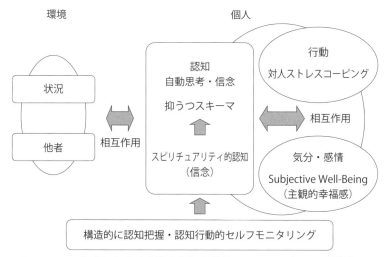

環境　　　　　　　　　　　　　　　　個人

状況

他者

相互作用

認知
自動思考・信念

抑うつスキーマ

スピリチュアリティ的認知
（信念）

行動
対人ストレスコーピング

相互作用

気分・感情
Subjective Well-Being
（主観的幸福感）

構造的に認知把握・認知行動的セルフモニタリング

Figure17　本書における宗教と認知行動的セルフモニタリング構造図

念図を **Figure17** にまとめた。

　環境と個人の相互作用で，適応バランスが保持されている。環境から，スト
レッサーが個人に加わるとき，そのストレッサーに対する受容，すなわち個人
的認知により，感情喚起，身体反応，行動選択がなされ，その時の認知が歪ん
でいた場合，感情悪化，身体的不全，不適応行動選択，歪んだ自動思考などと
不適応の悪循環に陥っていく。

　その悪循環から脱するために，変更可能性の高い，歪んだ認知（自動思考，
スキーマ：コアビリーフ）や，行動の変容を支援していく。これが認知行動療法
理論の枠組みである。

　しかし，第2世代認知行動療法では，その認知や行動の修正を，カウンセラー
とクライエントが協働作業により努力しても，改善されない臨床事例が多発し
た。また，その努力が，徒労に終わった場合，無力感などが高じて，より悪化
してしまう事例も出現したのである。

　そこで，第3世代認知行動療法が，個人的文化的背景にある宗教を併存させ
る理論として，自らを受容し，自らの生きる意味，存在している意味，癒され

る自分を，個人的宗教的背景を取り入れる理論として，出現して来たのである。

　今回，宗教の個人的認知的側面「スキーマ（コアビリーフ）」，特に「人生の意味」の把握が，適応状態支援，不適応事態からの修正に，「感情」「行動」「認知」の面で影響を与えることが，多変量解析によって確認され，同時に事例研究においても支持されたのが本書で得られた最大の知見である。

　「生きている意味」「存在している理由」「今を味わう」「心をあるがままに受け止める」「受容」など，いうなれば，「自己存在のメタ認知」をすることによって，「治さねばならない」「良くならなくてはいけない」「改善すべきだ」と，自己を追い詰めている「認知」から，否定的感情から肯定的満足感へ，否定的行動から適応的行動へ，ネガティブな思考から受容的思考へ変容する影響を与える。

　今後，日本において，宗教と第3世代認知行動療法の科学的アプローチが併存された適用が増加することが予想される。その際，心理支援に対する宗教の適用において，個人的認知的側面をもってアプローチすること，特に「人生の意味」因子などの有効性を常に認識して適用することが必要であることを，本書の提言とする。

▎7-3．今後に向けて

　本書を通じて，今後課題は以下である。

　課題の第1は，臨床心理学理論は，ほぼ欧米からの輸入である。プライバシーの保持等の概念が先に確立した文化であるからこそ，その基礎が整っていたといえる。しかし，日本において心理的支援を目指す場合，欧米の人間観，文化的背景の違いによる理論技法の適用にかなりの年月が要される。特に第3世代認知行動療法は，キリスト教文化の中に仏教的瞑想の導入から始まり花開いたものであることはすでに述べた。一方日本では，欧米よりも仏教的背景は色濃くすでにあり，新しい欧米理論の導入には，臨床現場において戸惑いもあるのが事実である。本書の分析に基づき，現代日本青年期の宗教観をエビデンスに

した第3世代認知行動療法の開発が求められる。

　課題の第2は，調査対象サンプルの偏りである。第2章では，青年期男女に対して実施され，男女差に関する知見を得ることができた。青年期の認知の枠組みに性差が確認されたのである。しかしそれ以降の調査は，女子青年を対象にしているため性差に関する知見は得られなかった。多変量解析により信頼性，妥当性は確認されているが，今後のサンプルの偏りを修正していくことが課題として挙げられる。

　課題の第3は，先行研究における全国的宗教意識調査から，世代的に最も宗教の「信仰がない」とする青年期を対象に適応に関する視点からの調査研究を行ったが，他の世代における不適応，特に中年期における社会的不適応の問題は，近年，緊急かつ切実な課題として認知されている。青年期のみではなく，多世代に関する調査と多変量解析による客観的分析も今後の課題である。

　本書を通じて，多くの青年は，「神仏霊魂を信じる」「先祖は自分たちを見守ってくれている」「宗教は人間に必要である」アンケートに回答する者が過半数に上っている事実を確認し，「心の平穏」「心の癒し」「本来の生き生きとした自分」支援のために，働きかけるべき個人的認知的側面における宗教の位置づけが明らかになった。このエビデンスを基に効果的心理支援をさらに深化させていきたい。

引用参考文献

安藤治(2007)．現代のスピリチュアリティ　安藤治・湯浅泰雄（編）　スピリチュア
リティの心理学(pp.11-33)　せせらぎ出版

青木俊太郎，堀内聰，庄司文仁，坂野雄二(2017)大学生の抑うつと抑うつスキーマ，
報酬知覚の関連　北海道医療大学心理科学部研究紀要　12号　1-10.

Baxter, L.A. (1979). Self－disclosure as a relationship disengagement strategy：an
exploratory investigation. *Human Communication Research*, 5, 3, 215-222.

Beck, A.T. (1963). Thinking and Depression：Ⅰ. Idiosyncratic and cognitive distortions.
Archives of General Psychiatry, 9, 324-333.

Beck, A.T., Rush, A.J., Shaw, B.F., Emery, G. (1979)．*Cognitive Therapy for Depression*,
New York: Guilford Press. (ベック, A.T.　坂野雄二 (監訳) (1992)．うつ病の認知療
法　岩崎学術出版社)

Beck, A.T. (1976)．*Cognitive Therapy and the Emotional Disorders*. International Univer-
sities Press. (ベック, A.T.　大野裕 (訳) (1995)．認知療法　第5版　岩崎学術出版社)

Beck, J.S. (1995)．*Cognitive therapy：Basics and Beyond*. (ベック, J.S.　伊藤絵美・神村
栄一・藤澤大介 (訳)　2004　認知療法実践ガイド基礎から応用まで―ジュディス・
ベックの認知療法テキスト　星和書店)

ボイヤー, パスカル (2008)．神はなぜいるのか　NTT出版

文化庁(2015)．宗教関連統計に関する資料集 (文化庁「平成26年度宗教法人等の運
営にかかる調査」業務)

Clark, D.A., & Beck, A.T. (1999). *Scientific foundation of cognitive theory and therapy of
depression*. New York：Wiley.

Dozois, K.S., & Beck, A.T. (2008). Cognitive schemas, beliefs and assumptions. In K.S.
Dobson & D.J.A. Dozoizs (Eds.), *Risk factors in depression* (pp.121-144). San Diego:
Academic Press.

Diener, E., Suh, E. M., Lucas, R. E., & Smith, H. L. (1999)．Subjective well-being:
Three decades of progress. *Psychological Bulletin*, 125, 276-302.

Elkins, D. N., Hedstrom, L. J., Hughes, L.L., Leaf, J.A. & Saunders, C. (1988)．"Toward
a Humanistic-Phenomenological Spirituality Definition, Description, and
Measurement". *Humanistic Psychology*, 28 (5-18), 8.

Ellis, A. (1962). *Reason and Emotion in Psychotherapy*. New York：Lyle Stuart.

Erikson, E.H. (1959). *Identity and the Life Cycle*. International Universities Press.

藤井美和(2010)．生命倫理とスピリチュアリティ―死生学の視点から　藤井美和・
浜野研三・大村英昭・窪寺俊之編著　生命倫理における宗教とスピリチュアリティ

(pp.1-27)　晃洋書房

Fung, Kenneth（2015）．Acceptance and Commitment Therapy: Western adoption of Buddhist tenets? Transcultural Psychiatry 2015，52（4），561-576.

Gotink, R.A., Chu, P., Busschbach, J.J., Benson, H., Fricchione, G.L. and Hunink, M.G.（2015）. Standardised Mindfulness-Based Interventions in Healthcare: An Overview of Systematic Reviews and Meta-Analyses of RCTs. *PLoS One.* 10（4）：e0124344. Published online 2015 Apr 16.

具志堅伸隆（2009）．素朴な信仰心に関する基礎的研究（1）　日本社会心理学会第50回大会，日本グループ・ダイナミックス学会第56回大会合同大会発表論文集，1104-1105

具志堅伸隆（2010）．素朴な信仰心に関する基礎的研究（3）日本パーソナリティ心理学会大会発表論文集（19），24.

具志堅伸隆（2011）素朴な信仰心に関する基礎的研究（4）「（短縮版）スピリチェアリティ的信念尺度」の作成および主観的幸福感との関連性についての検討　日本心理学会第75回大会

具志堅伸孝（2013a）．宗教性／スピリチュアリティと精神的健康の関連―スピリチュアル現象にみる大学生の諸相（1）　日本社会心理学会第54大会

具志堅伸孝（2013b）．宗教性／スピリチュアリティと精神的健康の関連―スピリチュアル現象にみる大学生の諸相（2）　日本社会心理学会第54回大会

具志堅伸隆・下家義弘（2010）．素朴な信仰心に関する基礎的研究（2）　日本心理学会第74回大会発表論文集，280.

橋本直子（2014）．精神保健福祉におけるスピリチュアリティへのアプローチ―欧米の文献からの一考察　Human Welfare．6（1），35-46.

Hayes, S.C., & Smith, S.（2005）. *Get Out of Your Mind and into Your Life: The New Acceptance and Commitment Therapy.* Santa Rosa, CA: New Harbinger Publications.

堀江宗正（2009）．歴史の中の宗教心理学　その思想形成と布置　岩波書店

堀江宗正（2007）．日本のスピリチュアリティ言説の状況　安藤治・湯浅泰雄（編）スピリチュアリティの心理学（pp.141-154）　せせらぎ出版

井上順孝（2018）．学生宗教意識調査　総合分析（1995年度～2015年度）　國學院大學日本文化研究所紀要

井上順孝（2017）．学生宗教意識調査　総合報告書（1995年度～2015年度）　國學院大學日本文化研究所紀要

井上順孝（2016a）．日本文化はどこにあるか　國學院大學日本文化研究所　春秋社

井上順孝（2016b）．宗教社会学を学ぶ人のために　世界思想社

井上順孝（2014）．21世紀の宗教研究―脳科学・進化生物学と宗教学の接点　平凡社

井上順孝（2013）．宗教の境界線―学生に対する意識調査から　國學院大學研究開発推進機構日本文化研究所年報，第6号，40-66.

井上順孝 (2012). 新宗教研究と認知科学・ニューロサイエンス 國學院大學研究開発推進機構日本文化研究所年報, 第5号, 21-48.

井上順孝 (2004). 日本人の信仰 岩崎書店

井上順孝 (2003). 現代学生の示す宗教への意識と態度—1992年～2001年のアンケート調査の分析 國學院大學日本文化研究所紀要, 第92輯, 15-52.

井上順孝 (2002). 宗教社会学のすすめ 丸善

井上順孝 (1999). 若者と現代宗教 ちくま新書

井上順孝 (1996). 学生における宗教および超常現象・神秘現象への関心 國學院大學日本文化研究所紀要, 第78輯, 25-62.

井上順孝 (2015). 現代宗教の侵襲的研究と宗教調査リテラシー 國學院雑誌, 第116巻第11号, 1-16.

井上順孝 (2012). 新宗教研究と認知科学・ニューロサイエンス 國學院大學研究開発推進機構日本文化研究所年報, 第5号, 21-48.

井上和臣編著 (2004). 認知療法・西から東へ 星和書房

井上ウィマラ (2014). マインドフルネスとスピリチュアリティ 人間福祉研究, 第7巻第1号, 29-44.

家接哲次・小玉雅弘 (1999). 新しい抑うつスキーマ尺度の作成の試み 健康心理学研究 第12巻第2号, 37-46.

石澤和子 (2003). 大学生における宗教観と不安の関係についての研究 聖マリアンナ医学研究誌, 3, 25-32.

石井研士 (2011). 世論調査による日本人の宗教性の調査研究 平成20年～22年 科学研究費報告

石井研士 (2010). 日本人はどれくらい宗教団体を信頼しているのか 東洋学術研究 第49巻第2号, 254-274.

石井研士 (2007). データブック現代日本人の宗教 増補改訂版 新曜社

石澤和子 (2003). 大学生における宗教観と不安の関係についての研究 聖マリアンナ医学研究誌, 3, 25-323.

伊藤雅之 (2003). 現代社会とスピリチュアリティ—現代人の宗教意識の社会学的探究 渓水社

伊藤雅之・樫尾直樹・弓山達也編 (2004) スピリチュアリティの社会学 世界思想社

伊藤裕子・相良順子・池田政子・川浦康至 (2003) 主観的幸福感尺度の作成と信頼性・妥当性の検討 心理学研究, 74(3), 276-281.

Kabat-Zinn, Jon (1990). *Full catastrophe living: using the wisdom of your body and mind to face stress, pain, and illness*. Delacorte Press.

金児曉嗣 (1991). 現代における非合理の復権と家族の宗教観教学研究所紀要, 1, 144-170.

金児曉嗣 (1997). 日本人の宗教性—オカゲとタタリの社会心理学 新曜社

金児暁嗣・金児恵（2005）．文化と宗教　高木修（監）　文化行動の社会心理学
（pp.137-149）　北大路書房

樫尾直樹（2002）．スピリチュアリティを生きる　せりか書房

加藤司（2000）．大学生用対人ストレスコーピング尺度の作成　教育心理学研究，48，
225-234

加藤司（2002）．対人ストレス過程における社会的相互作用の役割　実践社会心理学
研究，41，147-154.

加藤司（2003）．対人ストレスコーピング尺度の因子的妥当性の検証　人文論究，52
（4），56-72.

川畑直人（1986）．日本人のキリスト者青年とアイデンティティ―母性社会における
父性的宗教　日本教育心理学会　第 28 回総会発表論文集，338-339.

河合隼雄（2006）．日本の精神性と宗教　創元社

河合隼雄（2000）．現代人と宗教　アステイオン，53，11-21.

Kendall, P.C., Howard, B.L., Hays, R.C. (1989). Self-referent speech and psychopathology：
The balance of positive and negative thinking. *Cognitive Therapy and Reseach*, 13（6），
583-598.

小牧元・久保千春（1999）．過食を伴う摂食障害患者の臨床的特徴からみた治療の方
向性　心身医学，39（1），75-80.

切池信夫（2009）．摂食障害 50 年の流れと将来の展望　児童青年精神医学とその近接
領域，50，273-280.

児玉昌久（1994）．大学生におけるストレスコーピングと自動思考，状態不安，およ
び抑うつ症状との関連　早稲田大学ヒューマンサイエンスリサーチ，7，14-25.

Koenig, H.G. (1988). Religion and a Social Stress Model: Koenig HG, Smiley M,
Gonzales JAP (Eds.) *Religion, health, and a aging* (pp.93-101). Greenwood Press.

Koenig, H.G. (2008). *Medicine, Religion, and Health: Where Science and Spirituality
Meet*. Templeton Foundation Press.（杉岡良彦（訳）（2009）．スピリチュアリティは
健康をもたらすか　医学書院）

厚生労働省（1999）．WHO 憲章における「健康」の定義改正案について　第 6 回厚
生科学審議会総会　報道発表資料

厚生労働省国民健康・栄養調査（2011）．https://www.mhlw.go.jp/bunya/kenkou/kenkou_
eiyou_chousa.html

厚生労働省（2013）．みんなのメンタルヘルス総合サイト http://www.mhlw.go.jp/
kokoro/index.html （2021 年 10 月 10 日最終閲覧）

熊野宏昭・山内祐一・松本聰子・坂野雄二・久保木富房・末松弘行（1996）摂食障害
の認知行動療法―その利点と問題点　心身医学，37（1），55-60.

國分康孝編（1999）．論理療法の理論と実際　誠信書房

小池靖（2000）．ニューエイジとセラピー文化―文化論の視点から　宗教と社会，6，

133-137.

窪寺俊之(1997). 危機体験とスピリチュアリティ 神學研究, 44, 207-259.

リネハン, マーシャ・M.(著) 小野和哉(訳)(2007). 弁証法的行動療法実践マニュアル―境界性パーソナリティ障害への新しいアプローチ 金剛出版

松島公望(2009). 青年の宗教性―あなたにとっての宗教性は…? 宮下一博(監修) 松島公望・橋本広信(編) ようこそ!青年心理学(pp.109-120) ナカニシヤ出版

マクガイア, メレディス・G(著) 山中弘訳(訳)(2008). 宗教社会学―宗教と社会のダイナミックス 明石書店

本岡寛子・林敬子(2005). 神経性過食症へ認知行動療法を適用した1症例 臨床精神医学, 34(2), 225-237.

森美加・小野和哉(2004). Dialectical Behavior Therapy(DBT:弁証法的行動療法)によるBorderline Personality Disorder(境界性人格障害)の治療 こころの健康, 第19巻第2号, 72-76.

NHK放送文化研究所(2019). 第10回「日本人の意識」調査(2018)結果の概要 https://www.nhk.or.jp/bunken/research/yoron/pdf/20190107_1.pdf

西平直(2007). スピリチュアリティ再考 安藤治・湯浅泰雄(編) スピリチュアリティの心理学(pp.71-90) せせらぎ出版

西平直・中島由恵(訳)(2011). アイデンティティとライフサイクル 誠信書房

大久保智生・青柳肇(2003). 大学生用適応感尺度の作成の試み―個人・環境の適合性の視点から パーソナリティ研究, 第12巻第1号, 38-39.

大久保智生(2004). 新入生における大学環境への主観的適応 PAC(個人別態度)分析 パーソナリティ研究, 第13巻, 44-57.

大久保智生(2005). 青年の学校への適応感とその規定要因―教育心理学研究, 53(3), 307-319.

大森智恵(2005). 摂食障害傾向を持つ女子大生の性格特性について パーソナリティ研究, 13(2), 242-251.

尾崎真奈美・石川勇一・松本孚(2004). 相模女子大生のスピリチュアリティ―特徴と「スピリチュアル教育」マニュアル作成の試み 相模女子大学紀要, 68, 31-46.

Pearce, M.J., Koenig, H.G., Robins, C.J., Nelson, B., Shaw, S.F., Cohen, H.J. and King, M.B.(2015). Religiously Integrated Cognitive Behavioral Therapy: A New Method of Treatment for Major Depression in Patients With Chronic Medical Illness. *US National Library of Medicine National Institutes of Health Psychotherapy (Chic)*, 52(1), 56-66.

坂本真土(1997). 自己注目と抑うつの社会心理学 東京大学出版会

坂野雄二(1995). 認知行動療法 日本評論社

坂野雄二(2002). パニック障害 下山晴彦・丹野義彦(編) 異常心理学Ⅰ(講座臨床心理学3)(pp.59-80) 東京大学出版会

島薗進 (2007a)．スピリチュアリティの興隆　新霊性文化とその周辺　岩波書店

島薗進 (2007b)．精神世界のゆくえ　秋山書店

島薗進 (2010)．救済からスピリチュアリティへ―現代宗教の変容を東アジアから展望する　宗教研究, 84 (2)，331-358.

下山晴彦 (1998)．青年期の発達　下山晴彦（編）　教育心理学　発達と臨床援助の心理学 (pp.183-205)　東京大学出版

杉山幸子 (2004)．新宗教とアイデンティティ―回心と癒しの宗教社会心理学　新曜社

スワンソン, P.L.（著）　林淳（訳）(2000)．異文化から見た日本宗教の世界　法蔵館

谷芳恵 (2007) 大学生の宗教観と幸福感に関する心理学的研究　神戸大学大学院人間発達環境学研究科研究紀要，第1巻第1号，17-24.

丹野義彦 (1998)．抑うつと推論の誤り―推論の誤り尺度 (TES) の作成　このはな心理臨床ジャーナル，4，55-60.

統計数理研究所　日本人の国民性調査　http://www.ism.ac.jp/kokuminsei/index.html

辻河優 (1997)．青年期と宗教の関わりについての臨床心理学的一研究―カトリックの信仰者を対象として　広島大学教育学部紀要　第1部（心理学），46，109-115

張日昇・高木秀明 (1989)．大学生の宗教態度と宗教観に関する日中比較研究　横浜国立大学教育紀要，29，121-135.

上原浩輔 (2013)．大学生におけるスピリチュアリティとストレスコーピング選択の関連性について：質問紙法を用いた調査研究を通して　心理カウンセリングセンター研究紀要，第7号，55-68.

Weissman, A.N., Beck, A.T. (1978). Development & Validation of the Dysfunctional Attitude Scale : A Preliminary Investigation. The American Educational Research Association.

山折哲雄 (2008)．日本人の宗教とは何か―未来への展望　太陽出版

山崎洋史・坂本昇一他 (1999)．心を育てる学校教育の進め方―意識と行動の変化に着目した指導 (pp.108-111)　教育開発研究所

山崎洋史 (2009)．学校教育とカウンセリング力　学文社

山崎洋史 (2010)．コラム法を用いた生活習慣改善による適応支援―神経性大食症（女子高校）に対する認知的アプローチ　日本学校教育相談学会第22回大会発表論文

山﨑洋史 (2012)．食行動異常と認知行動的セルフモニタリングの関連―青年期の過食行動から　日本学校教育相談学会　学校教育相談研究，第22号，8-17.

山崎洋史・木谷誠一 (2012)．大学生の過食傾向と認知行動的セルフモニタリングの関係第50 全国大学保健管理研究集会発表集

山﨑洋史 (2014)．女子高校生の過食行動に対するコラム法を用いた認知行動的セルフモニタリングカウンセリング　学校教育相談研究，第24号，22-31.

山﨑洋史 (2015)．宗教観がアイデンティティ確立と適応に及ぼす影響　宗教研究，第88巻別冊，408-410.

山﨑洋史（2016）．宗教観が青年期適応に及ぼす影響　宗教研究　第89巻別冊，221-222.

山﨑洋史（2017）．宗教観と青年期適応に関する研究—宗教観・信仰の有無と適応感・アイデンティティ確立の因子相関　國學院大學大学院紀要—文学研究科—　第48號，61-77.

山﨑洋史（2017）．宗教観が青年期適応に及ぼす影響—認知行動的変数相関　宗教研究　90巻別冊，377-379.

山﨑洋史（2018）．宗教観が青年期適応に及ぼす影響　宗教研究　第91巻別冊，447-448.

山﨑洋史（2019）．宗教観と青年期適応に関する研究—宗教観認知行動的変数およびストレスコーピングに関する相関研究　國學院大學大学院紀要—文学研究科—，第51號，25-44.

Yankura, J. & Dryden, W.（1994）．*Albert Ellis 1st edition*. Sage Publications.（國分康孝・國分久子（監訳）（1998）　アルバート・エリス人と業績—論理療法の誕生とその展開　川島書店）

読売新聞（2008）．読売新聞全国世論調査「80年代への国民意識」，『読売新聞』昭和54年8月20日朝刊，第25面「80年代国民意識の流れ」，『読売新聞』昭和59年8月20日朝刊，第4面「平成時代の日本人」，『読売新聞』平成元年10月1日朝刊，第11面「宗教に関する国民意識」，『読売新聞』平成6年7月3日朝刊，第8面「オウム事件と宗教観」，『読売新聞』平成7年6月27日朝刊，第13面「宗教観」，『読売新聞』平成10年5月30日朝刊，第25面「宗教観」，『読売新聞』平成12年3月2日朝刊，第29面「宗教観」，『読売新聞』平成13年12月28日朝刊，第15面「宗教観」，『読売新聞』平成17年9月2日朝刊，第17面「宗教観」，『読売新聞』平成20年5月30日朝刊，第25面「宗教観」

吉川洋子・飯塚雄一・長崎雅子（2001）．女子学生の社会的スキルと自尊感情およびセルフモニタリングとの関連　島根県立看護短期大学紀要，6，99-103.

湯浅泰雄（2003）．スピリチュアリティの現在—宗教・倫理・心理の観点　人文書院

弓山達也（2010）．日本におけるスピリチュアル教育の可能性　宗教研究，84（2），553-577.

謝　辞

　はじめに，質問紙調査・研究にご協力いただきました皆様に感謝申し上げます。

　また，長年にわたって，お世話になり，常に貴重なご示唆をいただいております教職員の皆様に，心から感謝申し上げます。

　多大なる貴重なお時間をいただきました井上順孝先生。先生との出会いが，宗教と認知行動的セルフモニタリングに関する本研究の基盤となり，いつも新たな気づきを得ることができました。前任校にて数年間，私が，大学院心理学専攻教授としての学生の教育指導とともに，心理学科長，学生部長，学生相談室長，学生支援センター長，㈱カリオン取締役，総合教育センター長などの管理職系・事務系業務を次々と加えているなか，先生の温かい受容により，本書を執筆することができました。認知宗教学研究におけるメタ認知視点，的確かつ端的，常に世界の最先端を走る経験に基づく客観的現実の把握からの含蓄のあるご示唆をいただき，そのたびに，新しい見地を見出すことの感動を得ております。

　本書は，宗教と認知行動的セルフモニタリング研究の基本的エビデンスと考えています。これをもとにさらなる深化をさせていく所存です。お世話になった皆様へ心から感謝を申し上げるとともに，今後とも，宜しくご指導の程お願い申し上げます。

　最後に，常に温かい励ましをくれる母山﨑佳子と，書籍刊行に際して多くのご示唆をいただきました学文社編集部の落合絵理氏に心からの感謝を申し上げます。

2022 年初春　世界的コロナ禍のなかで

山﨑　洋史

索　引

〈著者紹介〉

山﨑　洋史（Hirofumi YAMAZAKI, Ph.D.）

仙台白百合女子大学人間学部心理福祉学科教授　（博士）
東京都清瀬市教育委員会教育相談運営委員会専任講師，東京都
府中市教育委員会指導室主事，東京水産大学/東京海洋大学保
健管理センター学生相談心理カウンセラー，昭和女子大学大学
院心理学専攻教授等を経て現職。総務省消防大学校客員教授。
日本学校教育相談学会東京都理事長。
主要著書：青年期食行動異常と認知行動的セルフモニタリング
　　（学文社），学校教育とカウンセリング力（学文社），教育の
　　最新事情―教員免許状更新テキスト（ミネルヴァ書房，分担
　　執筆），新はじめて学ぶメンタルヘルスと心理学（学文社，
　　分担執筆）他多数。

宗教と認知行動的セルフモニタリング
　―青年期の適応を通じて―

2022年2月25日　第1版第1刷発行

著　者　山﨑　洋史

発行者　田中　千津子

発行所　株式会社　学文社

〒153-0064　東京都目黒区下目黒3-6-1
電話　03（3715）1501 代
FAX　03（3715）2012
https://www.gakubunsha.com

印刷　新灯印刷

ISBN 978-4-7620-3137-3